Florian Baier · Rahel Heeg

Praxis und Evaluation von Schulsozialarbeit

Florian Baier · Rahel Heeg

Praxis und Evaluation von Schulsozialarbeit

Sekundäranalysen
von Forschungsdaten
aus der Schweiz

VS VERLAG

Bibliografische Information der Deutschen Nationalbibliothek
Die Deutsche Nationalbibliothek verzeichnet diese Publikation in der
Deutschen Nationalbibliografie; detaillierte bibliografische Daten sind im Internet über
<http://dnb.d-nb.de> abrufbar.

1. Auflage 2011

Alle Rechte vorbehalten
© VS Verlag für Sozialwissenschaften | Springer Fachmedien Wiesbaden GmbH 2011

Lektorat: Stefanie Laux

VS Verlag für Sozialwissenschaften ist eine Marke von Springer Fachmedien.
Springer Fachmedien ist Teil der Fachverlagsgruppe Springer Science+Business Media.
www.vs-verlag.de

Umschlaggestaltung: KünkelLopka Medienentwicklung, Heidelberg
Gedruckt auf säurefreiem und chlorfrei gebleichtem Papier
Printed in Germany

ISBN 978-3-531-17323-8

Inhalt

Einleitung: Sekundäranalysen von Evaluationsdaten zur Schulsozialarbeit

Die Ausführungen in diesem Buch basieren auf Daten aus Evaluationen von Schulsozialarbeit an fünf verschiedenen Standorten in der Deutschschweiz. Die Evaluationen wurden zwischen 2005 und 2009 durch die Fachhochschule Nordwestschweiz durchgeführt.

Die Idee dieses Buches war es, die Daten aus den fünf verschiedenen Evaluationen zusammenzuführen, um Praxisentwicklungen umfassender und vergleichend betrachten zu können. Auf diese Weise wurde es möglich, Praxisformen und deren Kontexte in ihrem gegenseitigen Bezug zueinander vertieft zu analysieren.

Werden die in diesem Buch dargestellten Analysen als 'Sekundäranalysen' bezeichnet, so wird damit hervorgehoben, dass vorhandene Evaluationsdaten nach neuen Kriterien ausgewertet, dargestellt und interpretiert wurden (vgl. Meyer 2007, S. 271 ff.; Bortz/Döring 2006, S. 370 ff.; Stiehler 2001, S. 29 ff.; Diekmann 1995). Standen in den Evaluationen vorrangig lokale Besonderheiten und Detailfragen im Mittelpunkt des Interesses, so wurde es im Rahmen der Sekundäranalysen möglich, die vorhandenen Daten jenseits einstiger Evaluationsfragen für übergreifende Erkenntnisinteressen neu zu interpretieren und somit Themen herauszuarbeiten, die über die Evaluationsstandorte hinaus von Relevanz sind.

Sekundäranalysen unterliegen der Problematik, dass die vorhandenen Daten in Bezug auf Erkenntnisinteressen aus Evaluationen erhoben wurden. Daher kann im Rahmen von Sekundäranalysen nicht gewährleistet werden, dass neue Fragen vollumfänglich durch die vorhandenen Daten beantwortet werden können. Insofern sind die Auswertungen in diesem Buch immer wieder auch durch Unschärfen gekennzeichnet, die jedoch an den entsprechenden Stellen jeweils thematisiert werden.

Bereits während der Evaluationen wurde immer wieder deutlich, dass die erhobenen Daten nicht nur Analysen zur Praxis der Schulsozialarbeit ermöglichen, sondern darüber hinaus auch Aussagen zu Lebenswelten von Kindern und Jugendlichen sowie zu schulischen Kontexten enthalten. Ziel dieses Buches war es daher auch, Aussagen zu verschiedenen Bereichen ausführlicher aufeinander zu beziehen, als dies im Rahmen von Evaluationen möglich ist.

Zentrale Erkenntnisinteressen im Rahmen der hier durchgeführten Sekundäranalysen waren die Fragen nach Praxisentwicklungen in komparativer Perspektive, nach Elementen professioneller Praxis und deren Beurteilung durch die

Nutzerinnen und Nutzer sowie nach Wirkungen und deren Kontexten. Darüber hinaus werden in diesem Buch Fragen zur Evaluation von Schulsozialarbeit thematisiert, wie z.b. die Frage, anhand welcher Maßstäbe (Benchmarks) schulsozialarbeiterische Praxis beurteilt werden kann bzw. sollte.

Alle hier zu Grunde liegenden Evaluationsprojekte wurden unter der Leitung von Prof. Dr. Florian Baier durchgeführt, teilweise in Co-Leitung mit Dr. Rahel Heeg, Caroline Müller und Sandra Geissler. Eine der Evaluationen wurde von Prof. Dr. Matthias Drilling in Auftrag genommen und während des Evaluationszeitraums an Florian Baier übergeben. Über die Evaluationen hinaus führte die Fachhochschule Nordwestschweiz in den letzten Jahren verschiedene Dienstleistungsprojekte wie z.b. Bedarfsanalysen und Konzeptentwicklungen zur Schulsozialarbeit durch, wodurch zahlreiche Einblicke in die Praxis ermöglicht wurden, die ebenfalls in die Analysen in diesem Buch einfließen.

Der Dank des Autors und der Autorin dieses Buches gilt insbesondere den Auftraggebenden der Evaluationen sowie den evaluierten Schulsozialarbeitenden, die ihre Daten für die Sekundäranalysen zur Verfügung stellten. Die Erarbeitung dieses Buches wurde durch einen Förderfonds der Fachhochschule Nordwestschweiz unterstützt.

1 Evaluation von Schulsozialarbeit

Evaluationen werden häufig in Auftrag gegeben, weil politische Entscheidungs-findungen zum Evaluationsgegenstand anstehen. Entsprechend wird der Evalua-tionsgegenstand im Rahmen von Evaluationen erforscht und kritisch analysiert bzw. überprüft (vgl. Merchel 2010; Widmer et al. 2009; Bortz/Döring 2006; Speck 2006; Joint Committee on Standards for Educational Evaluation/Sanders 2006; Lüders/Haubrich 2006; Schumann et al. 2006; Heil et al. 2001).

Schulsozialarbeit wird daher vielfach während einer 'Pilotphase' evaluiert, nach deren Ablauf auf Grundlage eines Evaluationsberichtes entschieden wird, ob und in welcher Form die Schulsozialarbeit weitergeführt wird.

Die durchgeführten Evaluationen von Schulsozialarbeit zielten auf die Klä-rung der Fragen, ob die Schulsozialarbeit die für sie formulierten Ziele und die an sie herangetragenen Erwartungen im Rahmen der zur Verfügung stehenden zeitlichen Ressourcen erfüllen konnte.

Im Rahmen der Evaluation wurde dafür zunächst die konkrete Praxis der Schulsozialarbeit unter anderem bezüglich der Hauptarbeitsbereiche, der erreich-ten Vernetzung und Schnittstellenklärung mit bereits vorhandenen Unterstüt-zungs- und Beratungsangeboten sowie bezüglich der Zugänglichkeit des Ange-bots dargestellt. Darüber hinaus wurde die Schulsozialarbeit aus verschiedenen Perspektiven beteiligter Akteure rekonstruiert. Die Praktiken der Schulsozialar-beit wurden im Rahmen der Evaluationen beschrieben und zu folgenden Punkten in Bezug gesetzt:

- Es wurde der Frage nachgegangen, in welchem Verhältnis die geleistete Praxis zu konzeptionellen Vorgaben und angestrebten Zielen steht.
- Es wurde analysiert, in welchem Verhältnis die Praxis der Schul-sozialarbeit zum aktuellen Fachdiskurs zu Arbeitsweisen, Zielen, Methoden und Qualitätsstandards der Schulsozialarbeit steht.
- Zudem wurden Praktiken der Schulsozialarbeit zu Ergebnissen aus früheren Evaluationen in Bezug gesetzt, um auf diese Weise den Entwicklungsstand der Schulsozialarbeit an einem Evaluati-onsstandort vergleichend betrachten zu können.

1.1 Kurzporträts der evaluierten Standorte

Im Folgenden werden die Gemeinden, in denen die Schulsozialarbeit evaluiert wurde, kurz und aus Gründen der Anonymisierung ohne Bezug auf die in der Sekundärevaluation gewählte Bezeichnung vorgestellt. Die Evaluationen wurden in folgenden Gemeinden durchgeführt:

- Einer Gemeinde mit 17.000 Einwohner/innen, zentral gelegen im Einzugsgebiet mehrerer Schweizer Städte: Im Evaluationszeitraum waren zwei Schulsozialarbeitende mit insgesamt 100 Stellenprozenten vorrangig für zwei Schulhäuser zuständig, weitere drei Schulhäuser konnten sich jedoch bei Bedarf melden.
- Einer Gemeinde mit 15.000 Einwohner/innen im Agglomerationsgebiet einer größeren Schweizer Stadt: Im Evaluationszeitraum waren zwei Schulsozialarbeitende mit insgesamt 120 Stellenprozenten für je ein Schulhaus mit je ca. 360 Schülerinnen und Schülern zuständig. Zudem konnte ein weiteres Schulhaus die Schulsozialarbeit bei Bedarf kontaktieren.
- Einer Gemeinde mit rund 11.000 Einwohner/innen im Agglomerationsgebiet einer größeren Schweizer Stadt: Die Schulsozialarbeit wurde von einer Person mit einem Stellenpensum von 90% gestaltet. Die Schulsozialarbeit war für ein Sekundarstufenzentrum (3 verschiedene Schulniveaus) mit zwei verschiedenen Standorten und insgesamt rund 720 Schülerinnen und Schülern zuständig.
- Einer ländliche Gemeinde mit 6.000 Einwohner/innen: Im Evaluationszeitraum war eine Schulsozialarbeits-Stelle mit 50 Stellenprozenten für zwei Schulhäuser mit insgesamt rund 450 Schülerinnen und Schülern vorhanden.
- Einer ländlichen Gemeinde mit 600 Einwohner/innen: Zum Evaluationszeitpunkt war eine Schulsozialarbeits-Stelle mit 50 Stellenprozenten für ein Schulzentrum zuständig, in dem die Oberstufe für mehrere Gemeinden geführt wird. Die Schule wird von rund 210 Schülerinnen und Schülern besucht.

Um Bezüge zwischen den verschiedenen Informationsquellen herstellen zu können, werden die Standorte im Folgenden als A, B, C, D und E bezeichnet. Die Bezeichnung orientiert sich *nicht* an der obenstehenden Reihenfolge.

1.2 Datenerhebung und Forschungsmethoden

Im Rahmen der Evaluationen wurden verschiedene Forschungsinstrumente eingesetzt. Für die Rekonstruktion der Praxis der Schulsozialarbeit wurde für die Schulsozialarbeitenden eine Zeiterfassung zur Verfügung gestellt, es wurden Beratungsfälle anhand standardisierter Falldokumentationen erfasst und Projekte wurden dokumentiert. Darüber hinaus wurden die Lehrkräfte sowie die Schülerinnen und Schüler der beteiligten Schulhäuser anhand eines standardisierten Fragebogens zu ihren Erfahrungen mit und Erwartungen an die Schulsozialarbeit befragt. An allen Standorten wurden zu Beginn und zum Abschluss der Evaluation (an einzelnen Standorten zusätzlich nach der Hälfte der Evaluationszeit) Interviews mit den Schulsozialarbeitenden, den Schulleitungen sowie den beteiligten Behördenmitgliedern geführt. Die Evaluationen erstreckten sich über unterschiedlich lange Zeiträume. Daten wurden mindestens über die Dauer eines Schuljahres, im Maximalfall über zweieinhalb Jahre erhoben. Im Folgenden werden einzelne Erhebungsmethoden detaillierter erläutert.

1.2.1 Befragung der Schüler/innen

In den Gemeinden B, C, D und E wurde die gesamte Schülerschaft ab der 3. Klasse mit einem Fragebogen zu ihren Einschätzungen der Schulsozialarbeit befragt. Es wurden insgesamt 1537 Fragebögen ausgewertet (Gemeinde B: 558, Gemeinde C: 530, Gemeinde D: 200, Gemeinde E: 249). Gefragt wurde nach den Erfahrungen mit Schulsozialarbeit, den Einstellungen zu Schulsozialarbeit, aber auch nach der schulischen Situation (Gewalterfahrungen in der Schule, die Beziehung zu den Mitschülerinnen und Mitschülern sowie zu den Lehrkräften).

1.2.2 Retrospektive Befragung nach einer Beratung

An drei Standorten (Gemeinden C, D und E) wurde den Schülerinnen und Schülern nach einer Beratung ein Fragebogen inkl. Briefumschlag abgegeben, welchen sie zu Hause ausfüllen und direkt an die Evaluationsstelle schicken konnten. Der Rücklauf betrug insgesamt 157 Fragebögen, wobei drei Viertel von einem Standort stammten (Gemeinde C 121, Gemeinde D 21, Gemeinde E 15 Fragebögen). Die Schülerinnen und Schüler wurden gefragt, wie sie die Beratung bewerten und wie sich die Situation für sie weiterentwickelt hat. Sie konnten in eigenen Worten kommentieren, was sie an der Schulsozialarbeit gut finden und welche Änderungen sie sich wünschen.

1.2.3 Dokumentation der Beratungen und Projekte

Die Schulsozialarbeitenden der Standorte C, D und E[1] dokumentierten während der gesamten Evaluationsdauer ihre Beratungstätigkeiten für Schülerinnen und Schüler, Eltern und Lehrpersonen (Art der Beratung, Themen der Beratung, weitere Schritte). Nach Beendigung eines Falls hielten sie den Verlauf und den Erfolg der Beratung aus ihrer Sicht fest. Es liegen insgesamt 267 dokumentierte Beratungsfälle mit unterschiedlich vielen Beratungsgesprächen vor. Außerdem wurden seitens der Schulsozialarbeitenden Abschlussbeurteilungen der Beratungsfälle vorgenommen. Abschlussbeurteilungen liegen in (je nach Frage) einem Drittel bis der Hälfte aller erfassten Beratungen vor.

Tabelle 1: Übersicht dokumentierte Beratungen

	Standort C_1	Standort C_2	Standort D	Standort E	Gesamt
Einzelfallberatung Schüler/in	68	36	35	37	176
Gruppenberatung Schüler/innen	3	9	14	9	35
Elternberatung	0	2	13	22	37
Lehrpersonen-beratung	0	13	0	6	19
Gesamt	71	60	62	74	267

Zudem dokumentierten die Schulsozialarbeit von ihnen durchgeführte oder initiierte Projekte hinsichtlich des Themas, Anlasses, der Dauer und beteiligter Personen.

---

[1] An den Standorten A und B wurden ebenfalls Dokumentationen geführt, diese sind jedoch aufgrund unterschiedlicher Dokumentationsstruktur nur in Einzelfragen mit den anderen Standorten vergleichbar.

1.2.4 Befragungen relevanter Beteiligter

Im Rahmen der Evaluationen wurden neben den Schülerinnen und Schülern weitere relevante Beteiligte auf unterschiedliche Weise befragt. Mit verschiedenen Instanzen (Schulsozialarbeitende, Schulleitungen, Sozialverwaltung, Steuerungsgremien) wurden zu Beginn und am Ende der Evaluationsphase ausführliche Interviews geführt. Dadurch ergab sich ein mehrperspektivisches Bild der lokalen Kontexte, insbesondere in Bezug auf Organisationsstrukturen, gegenseitige Erwartungen, Kommunikations- und Prozessabläufe sowie mögliche Dysfunktionalitäten. Die Perspektive der Lehrkräfte wurde an allen Standorten durch einen Fragebogen erhoben. Darin wurde nach den bisherigen Erfahrungen mit Schulsozialarbeit, nach Einstellungen zur Schulsozialarbeit und nach Veränderungen durch die Arbeit der Schulsozialarbeit gefragt.

2 Das Handlungsfeld Schulsozialarbeit: Konturen der Praxis

2.1 Konzepte, Strukturen und Rahmenbedingungen

Der Schulsozialarbeit standen an den verschiedenen evaluierten Standorten unterschiedlich ausführlich entwickelte schriftliche Konzepte zur Verfügung. Die Vorgeschichte der Einführung von Schulsozialarbeit stellte sich in mehreren Gemeinden so dar, dass zunächst über Befragungen und Workshops der Bedarf an Schulsozialarbeit ermittelt wurde. An diesen Befragungen und Workshops waren je nach Standort unterschiedliche Personen beteiligt, in der Regel waren dies Lehrkräfte, Verwaltungsangehörige und Fachkräfte aus weiteren schulischen und schulnahen Diensten. Auf Grundlage dieser Vorarbeiten wurden dann erste Dokumente erstellt, die der politischen Entscheidungsfindung über die Einführung von Schulsozialarbeit dienten. In diesen Dokumenten waren zum einen die lokalen Ausgangssituationen dargestellt, zum anderen wurde Schulsozialarbeit als Angebot und in Bezug auf diese Ausgangssituationen erläutert.

Die Schulsozialarbeit wird in diesen Dokumenten stets als Dienst dargestellt, der seine besonderen Qualitäten durch Niederschwelligkeit, Schweigepflicht, Freiwilligkeit und fachliche Unabhängigkeit entwickelt. Als primärer Arbeitsbereich wird meistens die Einzelfallarbeit hervorgehoben. Darüber hinaus soll die Schulsozialarbeit – je nach Konzept – in weiteren Arbeitsbereichen tätig sein, wie z.B. Projekten, Schulentwicklung, Elternarbeit, Vernetzung und Gemeinwesenarbeit. Neben einer 'Entlastung von Lehrkräften' durch Einzelfallarbeit wird sich in diesen Papieren auch eine präventive Wirkung von Schulsozialarbeit versprochen.

An den evaluierten sowie an vielen weiteren Standorten von Schulsozialarbeit in der Deutschschweiz sind diese Dokumente häufig die einzigen Schriftstücke, die neu angestellten Schulsozialarbeitenden als Orientierung zur Verfügung stehen und die Schulsozialarbeitenden sind dann mit der Aufgabe beauftragt, selbst im Laufe der Pilotphase ein ausführliches schriftliches Konzept anzufertigen.

Als Personal wurden an den evaluierten Standorten ausschließlich Fachpersonen mit beruflicher Qualifikation in der Sozialen Arbeit angestellt. Ihnen wurden Büros zur Verfügung gestellt, die sie in der Regel noch selbst einzurichten hatten. In den Büros gab es Computerarbeitsplätze und Mobiliar für Besprechungen und Beratungen. An Schulen, an denen die Schulsozialarbeitenden nur

auf Anfrage tätig waren (ambulante Schulsozialarbeit), standen den Schulsozialarbeitenden teilweise nur improvisierte Räumlichkeiten zur Verfügung.

Die Trägerschaften waren an den evaluierten Standorten unterschiedlich organisiert. Es gab sowohl Schulsozialarbeit, die dem Jugendamt unterstellt war, als
auch Schulsozialarbeitende, die direkt bei den Schulen bzw. Schulverwaltungen
angestellt waren. Darüber hinaus gab es an mehreren Standorten eigens für die
Schulsozialarbeit eingerichtete Steuerungsgremien, die sich aus Vertreter/innen
der Schule sowie der Sozialverwaltung zusammensetzen. In diesen Steuerungsgremien wurde entweder gleichberechtigt über die Schulsozialarbeit diskutiert
und verhandelt oder die Zuständigkeiten und Kompetenzen waren aufgeteilt.
Dabei übernahm dann die Schule häufig die allgemeine Personalverantwortung
und die Sozialverwaltung die fachliche Führung der Schulsozialarbeit.

2.2 Praxisrekonstruktionen

Eine der Hauptfragen, die im Rahmen der hier zu Grunde liegenden Evaluationen stets beantwortet werden sollte, war die Frage nach der Qualität der Praxisgestaltung der Schulsozialarbeit. Im Rahmen der Evaluationen wurde untersucht,
ob die Art der Praxisgestaltung fachlichen Vorstellungen entspricht, ob das ab-
gedeckte Arbeitsspektrum beibehalten oder abgeändert werden sollte und ob die
Beteiligten mit dem Personal und der Arbeit der Schulsozialarbeit zufrieden
waren.

Vor dem Hintergrund dieses Erkenntnisinteresses wurde in den Evaluationen die Praxis der jeweiligen Schulsozialarbeitenden rekonstruiert. Dafür wurden
über folgende Erhebungsinstrumente Daten erhoben:

1. Zeiterfassungen der Schulsozialarbeitenden
2. Qualitative Interviews mit den Schulsozialarbeitenden
3. Dokumentationen von Einzel- und Gruppenberatungen sowie Projekten

Zudem gaben die Befragungen der Schülerinnen und Schüler sowie der Lehrkräfte Einblicke in die Praxis der Schulsozialarbeit.

Einen ersten Überblick über Muster der Praxisgestaltung lieferten jeweils
die Zeiterfassungen. Diese wurden je nach Evaluation über unterschiedlich lange
Zeiträume geführt, mindestens jedoch jeweils über ein ganzes Schuljahr. Die
Schulsozialarbeitenden hielten darin fest, wie viel Arbeitszeit für welche Tätig-
keitsbereiche aufgewandt wurde. Die Kategorien der Zeiterfassung wurden stets
an die standortspezifischen Arbeitsbereiche angepasst und deckten ein breites

Spektrum an möglichen Tätigkeiten ab. Damit konnte die quantitative Konzentration auf verschiedene Arbeitsbereiche detailliert erfasst werden.

Folgende Tabelle zeigt zentrale Kategorien einer Arbeitszeiterfassung und deren Unterkategorien:

Tabelle 2: Hauptkategorien und Unterkategorien der Arbeitszeiterfassung

Arbeitsbereich (Hauptkategorie)	Unterkategorien	
Beratung	• Einzelberatung • Informelle Beratung • Absprachen/Planung LP/SL	• Gruppenberatung • Vor-& Nachbereitung
Projektarbeit / soziale Gruppenarbeit	• Thematische Projekte	• Thematische Gruppenarbeit
Zusammenarbeit mit Schule	• Mitarbeit in Gremien und Arbeitsgruppen	• Vorstellen in Klassen
Fach-Austausch	• Besprechung Schulsozialarbeit • Supervision	• Besprechung Jugendamt • Vernetzung
Organisation / Weiteres	• Planung / Administration • div. Sitzungen • Elternabend / Vorstellen der Schulsozialarbeit bei Eltern	• Öffentlichkeitsarbeit • Weiterbildung • Wegzeiten • Evaluation • Konzeptentwicklung

Bei der Auswertung der Zeiterfassungen zeigte sich an allen Standorten, dass der Arbeitsbereich 'Beratung' jeweils den größten Anteil an Arbeitszeit ausmachte. In diesem Arbeitsbereich wurde unterschieden zwischen 'formellen' Einzel- und Gruppenberatungen sowie 'informellen' Beratungen. Als formelle Beratungen wurden solche Anlässe dokumentiert, die durch klare Settings sowie durch längerfristige Einzelfall- bzw. Gruppenarbeit gekennzeichnet waren (i.d.R. mehr als eine einzige Beratungssitzung). Für diese formellen Beratungen wurden zusätzlich zur Zeiterfassung Dokumentationen geführt, in denen festgehalten wurde, wer (Schüler/in, Lehrkraft, Eltern etc.) aus welchem Grund und auf welche Weise Kontakt zur Schulsozialarbeit aufgenommen hat, was zentrale Themen der Beratung waren und welche Vereinbarungen getroffen wurden. Schülerinnen und Schüler bekamen zudem nach Abschluss einer formellen Beratung seitens der

Schulsozialarbeit einen Fragebogen mit Fragen zu ihren Erfahrungen mit der Schulsozialarbeit ausgehändigt. Diesen Fragebogen konnten die Schülerinnen und Schüler anonym ausfüllen und in einem vorfrankierten Briefumschlag direkt an die Evaluationsstelle senden. Als informelle Beratungen wurden in der Zeiterfassung Gespräche 'zwischen Tür und Angel' festgehalten, welche sich inhaltlich auf soziale oder persönliche Probleme von Schülerinnen und Schülern bezogen. Die Gespräche können damit als 'kleine Beratungen' kategorisiert werden, die jedoch nicht in einem Beratungssetting durchgeführt wurden.

Während der Arbeitsbereich 'Beratung' an allen evaluierten Standorten den größten Anteil an Arbeitszeit ausmachte, zeigten sich hinsichtlich der weiteren Kategorien lokale Unterschiede. Folgende Abbildung zeigt die Zeitverwendungsmuster an den evaluierten Standorten:

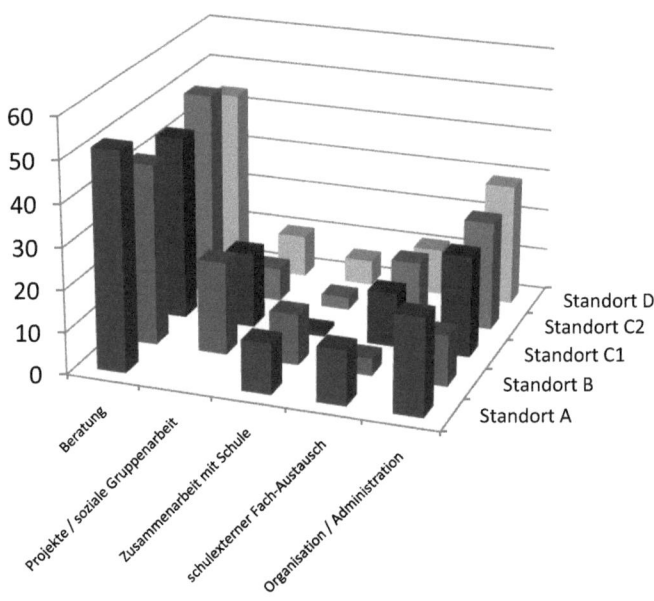

Abbildung 1: Arbeitszeitverwendung nach Tätigkeitsbereich differenziert nach Standort (Angaben in Prozentanteilen im Verhältnis zur Gesamtarbeitszeit)

20

In dieser Abbildung werden sowohl Gemeinsamkeiten als auch standortspezifische Unterschiede erkennbar. So fällt z.b. auf, dass am Standort A gar keine einzelfallunabhängigen Projekte bzw. soziale Gruppenarbeiten seitens der Schulsozialarbeit durchgeführt wurden, dieser Arbeitsbereich am Standort B hingegen 22% der Arbeitszeit ausmachte. Auffällig ist zudem der an allen Standorten vergleichsweise hohe Anteil an Arbeitszeit für organisatorische und administrative Aufgaben. Dies kann auf mehrere Umstände zurückgeführt werden: zum einen hatten die Schulsozialarbeitenden während der Evaluationsphase ihre eigene Arbeit zu Evaluationszwecken zu dokumentieren, was mit sich bringt, dass sich der administrative Aufwand während einer Evaluation grundsätzlich erhöht. Zum anderen wurden alle Standorte im ersten bis dritten Projektjahr evaluiert. Die Praxis ist in den ersten Jahren immer auch dadurch gekennzeichnet, dass Strukturen und Konzepte, Kommunikations- sowie Verfahrensabläufe erst erarbeitet, ausgehandelt und vereinbart werden müssen, um dann anschließend darauf aufbauend den Anteil an interaktiver Arbeitszeit erhöhen zu können.

Da Beratungstätigkeiten an den evaluierten Schulsozialarbeitsstandorten den größten Anteil an Arbeitszeit ausmachten, wird dieser Arbeitsbereich im Folgenden genauer beschrieben. Anschließend werden die Arbeitsbereiche der sozialen Gruppenarbeit sowie der Vernetzung und Kooperation beschrieben.

2.2.1 Die Beratungstätigkeiten der Schulsozialarbeit

Beratungen wurden für Schülerinnen und Schüler als Einzel- und Gruppenberatungen bei persönlichen oder sozialen Problemen sowie für Lehrkräfte und Eltern bei erzieherischen Fragen angeboten. Durchschnittlich wurden 43,5% der Arbeitszeit für Beratungsdienstleistungen verwendet (höchster Wert: 47%, niedrigster Wert: 39%). Das hohe Ausmaß an Arbeitszeit, das an allen Standorten für Beratungen verwendet wurde, hebt Beratungstätigkeiten als Hauptarbeitsbereich der Schulsozialarbeit hervor.

Auf Grundlage der Unterkategorien aus der Zeiterfassung (Einzelberatungen von Schülerinnen und Schülern, Lehrkräften und Eltern, Gruppenberatungen, informelle Beratungen) kann der Arbeitsbereich der Beratung noch ausdifferenziert werden. Dabei zeigt sich, dass die unterschiedlichen Beratungsformen je nach Standort in unterschiedlichem Umfang gestaltet wurden: Während z.B. am Standort C_1 kaum informelle Beratungen durchgeführt wurden, machte dieser Arbeitsbereich am Standort A den größten Arbeitszeitanteil der verschiedenen Beratungsformen für Schülerinnen und Schüler aus.

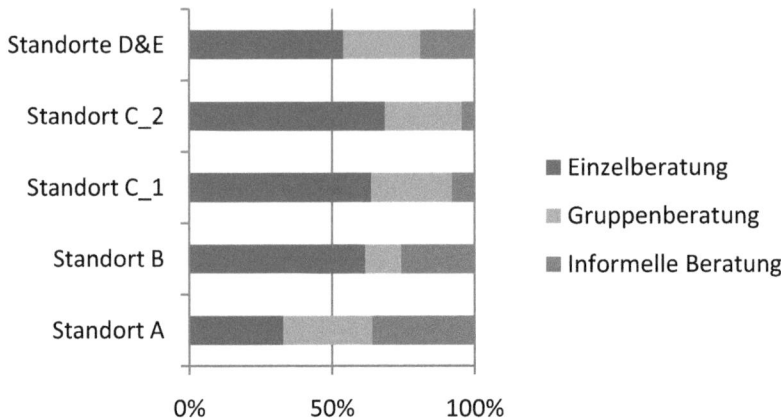

Abbildung 2: Arbeitszeitanteile für Einzel-, Gruppen- und informelle
Beratungen differenziert nach Standort

Vor dem Hintergrund dieser Unterschiede stellen sich die Fragen, ob die unterschiedlichen Muster Ausdruck von unterschiedlichen Kontexten sind oder auf bestimmte Qualitäten hinweisen. Interessanterweise sind die beiden Standorte mit den gegensätzlichsten Zeitverwendungsmustern (C_2 und A) Standorte, an denen sowohl die Beteiligten einige Punkte an der Schulsozialarbeit und ihrer strukturellen Organisation kritisierten als auch die Schulsozialarbeitenden selbst Kontexte ihrer Arbeit in Frage stellten. Obwohl sich diese beiden Standorte somit in ihrer Praxis im Arbeitsbereich Beratung deutlich unterschieden, fiel die Gesamtbeurteilung sowohl aus Sicht der Beteiligten als auch aus fachlicher Sicht ähnlich aus. Dies legt an dieser Stelle die These nahe, dass Unterschiede in der Zeitverwendung allein noch nichts über Arbeitsqualität, Wirksamkeit und Angemessenheit der Kontexte aussagen. Das bedeutet auch, dass Vorgaben zu einer bestimmten Form der Zeitverwendung nicht eindeutig zu höherer Qualität führen. Eine ideale Form der Zeitverwendung und ein ideales Verhältnis zwischen verschiedenen Formen von Beratung für Schülerinnen und Schüler können somit nicht vorgegeben werden, sondern wären in der Praxis in Auseinandersetzung mit real vorhandenem Bedarf zu entwickeln.

Im Zusammenhang mit weiteren Daten kann jedoch auf eine Besonderheit der unterschiedlichen Beratungsformen hingewiesen werden: Während der Sinn und Zweck von Einzel- und Gruppenberatungen wohl kaum in Frage gestellt wird, könnte aus Steuerungssicht hinterfragt werden, ob Schulsozialarbeitende wirklich Arbeitszeit mit informellen Beratungen verbringen sollten, da es dabei häufig nur um 'Bagatellfälle' geht. Aus Sicht der Schülerinnen und Schüler bedeutet das Angebot der informellen Beratung hingegen ein entscheidendes Qualitätsmerkmal von Schulsozialarbeit. Insgesamt stimmten 91.7% der befragten Schülerinnen und Schüler (n=884) der Aussage, dass es gut ist, in der Schule einen Ansprechpartner für 'alles Mögliche' zu haben, mit „stimmt völlig" (58.6%) oder „stimmt eher" (33.1%) zu. Schülerinnen und Schüler möchten demnach die Zuständigkeit der Schulsozialarbeit nicht auf ganz besondere oder sehr schwerwiegende Probleme verkürzt haben, sondern sie schätzen die Schulsozialarbeit insbesondere durch ihr Angebot für die ganze Vielfalt ihrer lebens- und alltagsrelevanten Fragen und Probleme. An den Standorten, an denen die Schulsozialarbeit sich aktiv um einen „entspannten", niederschwelligen Kontakt zu den Kindern und Jugendlichen bemühte, hoben die Schülerinnen und Schüler dies in den selbst formulierten Rückmeldungen äußerst positiv hervor:

> „Er ist ein chilliger Kerl, mit dem man es lustig haben kann".
> „Er hat einen sehr guten Kontakt mit den Schülern. Er spielt sehr gern mit den Schülern".
> „Ich finde es toll dass die Schulsozialarbeiterin da ist. In der Pause kommt sie zu uns und redet mit uns und erzählt uns Witze. Aber es ist besonders, dass wenn meine freunde Probleme haben, können sie zur Schulsozialarbeiterin gehen!"
> „Das sie oft ihn den Pausen hier ist und ihre Kinder (Kunden) fragt wie es geht ob er oder sie weniger Probleme hat".
> „Sie ist für alle Kinder an der Schule da und nimmt sich auch bei Problemen viel Zeit sie zu besprechen. Sie fragt auch von sich aus wie es einem geht oder auch persönliche sachen wie z.B. Lehrstelle suchen usw".
> „Ich finde es gut dass er manchmal in der Pause Kontakt mit uns aufnimmt".

In den informellen Beratungen kommen insbesondere die Elemente der Lebensweltnähe und der Niederschwelligkeit zum Tragen, was von Seiten der Schülerinnen und Schüler positiv bewertet wird:

> „Die Lehrer(innen) haben meist keine zeit für dich und sie verstehen meist gar nich um was es geht. Der Sozialarbeiter versteht schohn mit wenigen Worten was abspielt".

Diese Rückmeldungen legen die These nahe, dass es der Schulsozialarbeit insbesondere auch über das Angebot der informellen Beratung jenseits strukturierter 'formeller' Beratungssettings gelingt, an die Bedürfnisse von Kindern und Jugendlichen anzuknüpfen. Dadurch tragen diese Formen der Beratung auf besondere Weise wesentlich dazu bei, bei Schülerinnen und Schülern subjektives Wohlbefinden und ein angenehmeres Schulhausklima zu fördern.

2.2.1.1 Beratungsanlässe

Im Rahmen von Evaluationen ist es stets eine Herausforderung, die individuellen Situationen, die Anlass zur Beratung geben, angemessen festzuhalten und wiederzugeben. Im Rahmen der hier zu Grunde liegenden Evaluationen wurden an einigen Standorten vorgefertigte Raster zur Dokumentation der Themen verwendet, in den anderen Evaluationen beschrieben die Schulsozialarbeitenden die Beratungsanlässe in eigenen Worten. Solche Beschreibungen wurden erst vom Evaluationsteam bei der Datenauswertung zusammengefasst und kategorisiert.[2]

Aus den dokumentierten Themen und Anlässe der Einzel- und Gruppenberatungen ergeben sich zum einen Einblicke in Lebenswelten und -probleme von Schülerinnen und Schülern. Zum anderen wird daraus deutlich, in Bezug auf welche Themen und Probleme die Schulsozialarbeit auf welche Weise in Anspruch genommen wird.

So unterschiedlich die evaluierten Schulsozialarbeitsstandorte auch waren, so ähnlich waren sie in Bezug auf die Themen, die in den Beratungen eine zentrale Rolle spielten. So ist Schulsozialarbeit in ländlichen Regionen mit den gleichen Themen konfrontiert wie die Schulsozialarbeit in eher städtischen und durch höhere soziale Heterogenität geprägten Schulen.

Folgende Tabelle fasst die Themen aus den Beratungen der Schulsozialarbeit von allen Standorten zusammen und gibt in absoluten Zahlen Auskunft darüber, wie häufig diese Themen während des Evaluationszeitraumes Anlass einer Beratung waren:

---

[2] Der Einsatz vorgefertigter Raster hat sowohl für die Schulsozialarbeitenden als auch für die Evaluierenden den Vorteil, dass Ausgangssituationen schnell erfasst, mit anderen Fällen zusammengefasst und für Berichte leicht aufbereitet werden können. Nachteil solcher vorgefertigten Raster ist ihr Abstraktionsgrad, denn eine Kategorie wie z.B. "Gewalt" als Anlass einer Beratung ist zu abstrakt, um Inhalte der Fallarbeit nachvollziehen zu können. Insofern stellt sich bei der Erstellung von Rastern für die Dokumentation von Themen stets die Frage, was damit erreicht und erfasst werden soll. Werden zur Dokumentation der Beratungsanlässe keine vorgefertigten Raster verwendet, sondern Ausgangssituationen von den Schulsozialarbeitenden in eigenen Worten beschrieben, so geben diese Beschreibungen die Themen und Anlässe genauer wieder als die Kategorien aus vorgefertigten Rastern. Abstraktionen von den einzelnen Fällen werden dann erst in der Auswertung durch entsprechende Kategorisierungen vorgenommen, was wiederum den Arbeitsaufwand der Auswertung erhöht.

Tabelle 3: Häufigkeiten verschiedener Themenbereiche in Beratungen

Thema	Häufigkeit der Fälle[3]
Konflikte und Probleme unter Kindern und Jugendlichen	
In diesem Themenbereich wurden Konflikte und Probleme unterschiedlicher Intensität dokumentiert. Dazu zählen körperliche Gewaltausübungen, Mobbing, Drohungen, sexuelle Belästigungen, Konflikte im sozialen Miteinander unter Schüler/innen in der Schule.	257
Schulische Probleme und Probleme zwischen Lehrkräften und Schüler/innen	
In diesem Themenbereich wurden sowohl Probleme von Kindern und Jugendlichen in Auseinandersetzung mit der Institution Schule dokumentiert (z.B. Leistungsdruck, Lernstrategien, Absenzen, Schulausschluss) als auch Probleme zwischen Lehrkräften und Schüler/innen (z.B. Beschwerden seitens der Lehrkräfte über unangemessenes Verhalten von Schüler/innen im Unterricht, Beschwerden von Schüler/innen über Lehrkräfte, Probleme mit dem Klassenklima).	137
Persönliche Probleme und Herausforderungen der Lebensbewältigung	
In diesem Themenbereich wurden Themen aus Beratungen zusammengefasst, die weniger die Interaktion von Kindern und Jugendlichen, als vielmehr deren Befindlichkeiten sowie deren individuellen Herausforderungen der Lebensbewältigung zum Inhalt hatten. Zentrale Themen waren hier z.B. Fragen der Berufswahl und Ausbildungsplatzsuche, Drogenkonsum, Liebeskummer, psychische Belastungen und Beeinträchtigungen, Essstörungen, Suizid(-gedanken), Medienkonsum und Freizeitgestaltung.	127
Probleme in der Familie	
In diesem Themenbereich wurden sowohl allgemeine Erziehungsprobleme, als auch Lebensumstände in Familien dokumentiert, die für Kinder und Jugendliche ein Problem darstellen oder gefährdend sind (z.B. Trennung der Eltern, Alkoholsucht der Eltern, mangelnde Fürsorge, Gewaltausübungen der Eltern gegen ihre Kinder).	117

2.2.1.2 Anzahl an Fällen und Beratungsgesprächen

Insbesondere für Anstellungsträger (z.B. die Gemeinde oder Schule), jedoch auch für die Schulsozialarbeitenden selbst, stellt sich immer wieder die Frage, woran sie erkennen können, ob Schulsozialarbeit erfolgreich ist, angenommen wird, tatsächlich einem Bedarf entspricht, genutzt wird, Wirkungen zeigt und sich 'normal' und gemäß den ursprünglichen Vorstellungen entwickelt. Es stellt sich somit die Frage, woran die Praxis der Schulsozialarbeit gemessen werden

---

[3] Die Arbeit an einem Thema erforderte in der Regel aus mehrere Beratungssitzungen. Häufig wurden zur Bearbeitung der Themen 2-5 Sitzungen benötigt.

kann. In diesem Zusammenhang wird immer wieder nach der Anzahl an bearbeiteten Beratungsfällen gefragt. Die Aussagekraft reiner Fallzahlen pro Schuljahr ist jedoch als Indiz für Qualität und Bedarf mit Vorsicht zu genießen, da 'Fälle' auf unterschiedliche Weise entstehen können und unterschiedlich arbeitsaufwändig sind (vgl. Kap. 6.5). Zudem ist auch davon auszugehen, dass gelungene Projekte aus einzelfallunabhängigen Arbeitsbereichen, also z.b. Projekte zur Förderung sozialer Kompetenzen, zu *geringeren* anstatt zu *höheren* Fallzahlen führen (wenn beispielsweise Konflikte zwischen Schülerinnen und Schülern seltener eskalieren). Somit wäre eine Abnahme an Fallzahlen unter diesen Voraussetzungen eher als Indiz für gelungene Projektarbeit und erfolgreiche Schulsozialarbeit und weniger als Hinweis auf z.b. eine zu hohe Bemessung der Stellenprozente zu deuten. Fallzahlen werden daher erst in ihren Kontexten aussagekräftig.

Eine Beurteilung von Schulsozialarbeit einzig auf der Grundlage von Fallzahlen führte an einem der evaluierten Standorte zu dem denkwürdigen Vorkommnis, dass sich die Schulsozialarbeit mit der Frage befasste, wie sie ihre Fallzahlen erhöhen könne, da auf Steuerungsebene der Verdacht geäußert worden war, dass diese zu niedrig ausfallen. Bei einem solchen verkürzten 'Controlling' stand für die Schulsozialarbeit dann nicht mehr die Frage nach guter Praxis, sondern nach quantitativer Erhöhung von Fallzahlen im Vordergrund. Eine Erhöhung von Fallzahlen kann jedoch auf unterschiedliche Weise geschehen und geht nicht immer mit fachlichen und ethischen Kriterien einher. So lassen sich z.B. Arbeitsdokumentationen anders führen, so dass auch kleinere Anliegen und informelle Beratungen bereits als Fall gezählt werden. Auch kann ein solches einseitiges Controlling dazu führen, dass durch 'aufsuchende' Arbeit überhaupt erst Fälle konstruiert werden. Solche 'Fälle' entstehen dann nicht, weil Kinder und Jugendliche einen Bedarf *haben* und von sich aus zur Schulsozialarbeit kommen, sondern weil sie seitens der Schulsozialarbeit zu einem Fall *gemacht* werden. Insofern stellt sich nicht nur die Frage nach der Aussagekraft von Fallzahlen, sondern insbesondere auch die Frage nach den Auswirkungen einseitigen Controllings auf die Praxis sowie auf die Lebenswelten von Kindern und Jugendlichen (vgl. Kap. 6).

Darüber hinaus sind die als formell dokumentierten Fälle unterschiedlich arbeitsintensiv. Die Fallzahl an sich sagt noch nichts über den damit verbundenen Arbeitsaufwand aus. So konnten an den evaluierten Standorten einige Fälle bereits nach einer Erstberatung beendet werden. Die meisten Fälle erforderten zwei bis fünf Beratungsgespräche (à 45-90 Minuten), ca. 30% der Fälle erstreckten sich über sechs und mehr Gespräche. Hinzu kamen immer wieder intensive Einzelfälle, im Rahmen derer Kinder und Jugendliche über mehrere Monate hinweg begleitet wurden und bis zu 30 Beratungsgespräche geführt wurden.

Im Rahmen der hier durchgeführten komparativen Analysen der Daten aus verschiedenen Evaluationen von Schulsozialarbeit wurde vor diesem Hintergrund der Frage nachgegangen, ob sich im Vergleich der evaluierten Standorte Ähnlichkeiten bzw. Unterschiede in Bezug auf die Anzahl bearbeiteter Fälle zeigen. Die Zahl der Beratungsfälle und die Dokumentation ihres zeitlichen Aufwandes waren nicht direkt miteinander vergleichbar, da die Daten über unterschiedliche Zeiträume hinweg erhoben wurden und den Schulsozialarbeitenden unterschiedlich viel Arbeitspensum zur Verfügung stand. Um die vorliegenden Daten vergleichbar zu machen, wurde daher zunächst die künstliche Größe des 'Unterrichtsmonats' gebildet. Der 'Unterrichtsmonat' beschreibt einen Zeitraum von vier Wochen, innerhalb dessen keine Ferien und keine Feiertage liegen.[4] Die Fallzahlen aus den verschiedenen Evaluationen wurden dann für einen solchen 'Unterrichtsmonat' neu berechnet. Auf dieser Grundlage ließ sich vergleichen, wie viele Fälle durchschnittlich im Zeitraum von vier Wochen bearbeitet wurden. Darauf wurde die Anzahl an Fällen noch auf die gemeinsame Größe von 10 Stellenprozenten berechnet. Als Resultat ergaben sich folgende Werte für die Standorte:[5]

- 0.92 Fälle pro 10 Stellenprozent in vier Wochen Arbeitszeit,
- 0.95 Fälle pro 10 Stellenprozent in vier Wochen Arbeitszeit,
- 0.96 Fälle pro 10 Stellenprozent in vier Wochen Arbeitszeit,
- 1.01 Fälle pro 10 Stellenprozent in vier Wochen Arbeitszeit,
- 1.46 Fälle pro 10 Stellenprozent in vier Wochen Arbeitszeit,
- 1.74 Fälle pro 10 Stellenprozent in vier Wochen Arbeitszeit.

An vier Standorten wurde *pro 10 Stellenprozenten innerhalb von vier Wochen rund 1 Fall bearbeitet*. An zwei Standorten wurden mit 1.46 und 1.74 Fällen pro 10 Stellenprozent im Monat hingegen deutlich mehr Fälle bearbeitet. Die Relevanz dieser Abweichungen wird deutlich, wenn die Extremwerte dieser Auflistung auf ein Pensum von 80 Stellenprozenten hochgerechnet werden. Dann ergeben sich aus dem niedrigsten Durchschnittswert (0.92) bei 80 Stellenprozent insgesamt 7.36 Fälle pro Monat, beim höchsten Wert (1.74) bei 80 Stellenprozenten fast doppelt so viele Fälle pro Monat (13.92).

Die Gründe für diese Unterschiede können anhand der vorliegenden Evaluationsdaten nicht eindeutig rekonstruiert werden. Naheliegend ist jedoch eine Abhängigkeit von der Intensität des Falles, also vom Arbeitsaufwand, der für

---

[4] 12 Monate abzgl. 3,5 Monate Ferien und Feiertage = 8.5 Monate Arbeitszeit für Fallarbeit.
[5] An Standorten, an denen zwei Schulsozialarbeitende tätig waren und für verschiedene Schulen zuständig waren, wurden hier separate Berechnungen durchgeführt.

eine bestimmte Angelegenheit aufgebracht werden musste. Je mehr arbeitsintensive Fälle bearbeitet werden, desto geringer ist die Anzahl an Fällen, die gesamthaft bearbeitet werden kann. Die oben beschriebenen Ungenauigkeiten in der Art der Dokumentation einer Angelegenheit als Fall, die inhaltliche Ausrichtung der Arbeit, der gegebene Bedarf sowie weitere Kontexte vor Ort können weitere Abweichungen hervorgebracht haben. Überraschend ist in diesem Zusammenhang allerdings der Umstand, dass die höchsten durchschnittlichen Fallzahlen von Standorten aus ländlichen Regionen stammen. Dies widerspricht der These, dass Fallarbeit vorrangig an städtischen 'Brennpunktschulen' nachgefragt wird bzw. notwendig ist. Hier wäre sicherlich weitere Forschung notwendig, um die Problembelastung von Kindern und Jugendlichen in städtischen und ländlichen Regionen vertieft vergleichen zu können und unter anderem die These prüfen zu können, dass Schulsozialarbeit in ländlichen Regionen eine Vielzahl an verschiedenen Themen bearbeitet, in städtischen Regionen hingegen eher auf schwerwiegendere und umfangreicher zu bearbeitende Fälle konzentriert ist und dadurch im Vergleich weniger Fälle bearbeitet.

Wird auf der Grundlage der Evaluationsdaten ein verallgemeinertes, idealtypisches Arbeitsprofil von Schulsozialarbeit skizziert, so lässt sich formulieren, dass in der Schulsozialarbeit bei einem Stellenumfang von 60% pro Monat parallel ca. 6-8 Fälle mit einem Arbeitsaufwand von ca. 35-40 Stunden bearbeitet werden. Hinzu kommen Kurzberatungen, Projekte und soziale Gruppenarbeiten, administrative Tätigkeiten, schulinterne und schulexterne Sitzungen mit Kooperationspartnern, einzelfallunabhängige Elternarbeit sowie Supervision, Intervision, Weiterbildung und Tätigkeiten im Rahmen von Konzept- und Qualitätsentwicklung.

2.2.1.3 Nutzerinnen und Nutzer von Beratungen

Die Evaluationsdaten geben auch Auskunft darüber, welche Schülerinnen und Schüler die Beratungsangebote der Schulsozialarbeit auf welche Weise nutzten. Auch diesbezüglich haben sich im Vergleich der evaluierten Standorte Unterschiede gezeigt. Einige dieser Daten haben eine erhöhte Relevanz, weil die dahinterstehenden Praxisprozesse standortübergreifend von Bedeutung sind.

An einigen Standorten nutzten Mädchen die Schulsozialarbeit eher freiwillig für individuelle und soziale Probleme, Jungen wurden hingegen häufiger aufgrund ihres Sozialverhaltens zur Schulsozialarbeit geschickt.[6] Solche Befunde können nicht nur auf unterschiedliche Selbstbilder von Mädchen und Jungen

---

[6] An einem der evaluierten Standorte kamen z.B. 20% der Jungen, die bei der Schulsozialarbeit in einer Beratung waren, auf Eigeninitiative zur Schulsozialarbeit, bei den Mädchen waren es 50%.

verweisen (Jungen: „Ich habe keine Problem – Ich brauche keine Hilfe", Mädchen: „Ich muss da mal dringend mit jemandem drüber reden"), sondern geben auch Auskunft darüber, wer im Schulhaus sozial unerwünschtes Verhalten zeigt und wie die Schule damit umgeht.

Weitere Gender-Dimensionen manifestieren sich im Kontext von Schulsozialarbeit über das Geschlecht der Schulsozialarbeitenden. An den Standorten, an denen den Schülerinnen und Schülern ausschließlich ein männlicher Schulsozialarbeiter zur Verfügung stand, wurde von Seiten der Mädchen vielfach der Wunsch geäußert, auch eine weibliche Schulsozialarbeiterin zu bekommen. Sie forderten aktiv eine gleichgeschlechtliche Ansprechperson. Hingegen wurde an keinem Standort, an dem nur weibliche Schulsozialarbeiterinnen tätig waren, von Seiten der Jungen der Wunsch nach einem männlichen Schulsozialarbeiter formuliert. Die Jungen äußerten sich jedoch positiv über Erfahrungen mit männlichen Schulsozialarbeitern, indem sie Charakter- und Vorbildmerkmale hervorhoben, wie z.B. dass er ein „cooler Typ" sei. Auch wenn Jungen demnach den Wunsch nach einer gleichgeschlechtlichen Ansprechperson nicht aktiv formulieren, hat ein männlicher Schulsozialarbeiter für Jungen eine hohe Orientierungsfunktion und alltagspraktische Relevanz.

Die in den Evaluationen deutlich gewordenen Gender-Differenzen scheinen auch mit einer Zeitdimension verbunden zu sein. Von vielen Standorten der Schulsozialarbeit wird berichtet, dass zwar zu Beginn vorrangig Mädchen freiwillig zur Schulsozialarbeit kamen, mit zunehmender Dauer jedoch auch immer mehr Jungen von sich aus Kontakt mit der Schulsozialarbeit aufnehmen.

Bezüglich der sozialen Herkunft der Schülerinnen und Schüler, die eine Beratung genutzt haben, zeigten sich keine besonderen Konzentrationen auf bestimmte Gruppen. Durch die Dokumentation der Beratungsthemen wurde deutlich, dass die Beratungsangebote der Schulsozialarbeit von Seiten der Schülerinnen und Schüler für die unterschiedlichsten Themen und Fragen nachgefragt werden. So stehen Kinder und Jugendliche unabhängig ihres Alters, ihres Geschlechts sowie ihrer sozialen Herkunft vor Problemen der Lebensbewältigung, für deren Bewältigung sie Unterstützung bei der Schulsozialarbeit suchen.

Zu bedenken ist in diesem Kontext, dass Schülerinnen und Schüler über ein Mindestmaß an Lebenskompetenz verfügen müssen, um sich überhaupt Hilfe von der Schulsozialarbeit zu holen (vgl. Baier 2010). Schülerinnen und Schüler erhalten zwar vergleichsweise leicht, jedoch nicht gänzlich ohne Aufwand und Eigenleistung Hilfe von der Schulsozialarbeit. Insofern wäre diesbezüglich sicherlich weitere Forschung notwendig, um zu eruieren, ob die Schulsozialarbeit wirklich alle Kinder und Jugendlichen einer Schule erreicht, somit allen gleichermaßen als Angebot offen steht und demzufolge auch diejenigen Schülerinnen und Schüler unterstützen kann, die es am nötigsten haben.

2.3 Weitere Praxisbereiche der Schulsozialarbeit

Schulsozialarbeitende sind neben den Beratungstätigkeiten noch in weiteren Arbeitsbereichen tätig. Sie bieten einzelfallunabhängige soziale Gruppenarbeiten an, führen thematisch fokussierte Projekte durch, beteiligen sich in der Schulentwicklung und vernetzen sich mit weiteren Fachstellen, um das lokale Unterstützungssystem bestmöglich aktivieren und nutzen zu können. Im Folgenden wird dargestellt, wie Schulsozialarbeitende diese Arbeitsbereiche an den evaluierten Standorten gestalteten.

2.3.1 Projekte und soziale Gruppenarbeit

In den Evaluationen wurde von den Schulsozialarbeitenden dokumentiert, welche Projekte sie durchführten. Die Anzahl und der Umfang von Projekten sind im Vergleich der evaluierten Standorte unterschiedlich. Während an einem Standort innerhalb des Evaluationszeitraums (2 Jahre) von zwei Schulsozialarbeitenden insgesamt 65 Projekte zu unterschiedlichen Themen durchgeführt wurden, wurden an einem anderen Standort überhaupt keine Projekte durchgeführt (vgl. Kap. 2.2).

Die Themen und Anlässe der Projekte an den evaluierten Standorten waren vielfältig. Einige Projekte entstanden aufgrund konkreter Vorkommnisse, wie z.B. einem gestörten Klassenklima oder wiederkehrenden Konflikten. Andere Projekte wurden vor dem Hintergrund bildungsbezogener Überlegungen initiiert und hatten zum Ziel, Kindern und Jugendlichen zu ermöglichen, dass sie sich mit lebensrelevanten Themen auseinandersetzen konnten. Inhalte solcher Projekte waren Themen wie Gesundheit, Suchtverhalten, Sexualität, Konfliktbewältigung, Umgang mit Neuen Medien, Fremdenfeindlichkeit und Sozialverhalten.

Die Projekte wurden mit ganzen Klassen oder auch gemischten Gruppen durchgeführt. Dafür wurden vorrangig Unterrichtsstunden genutzt, in einigen Fällen wurden Themen im Rahmen von Projektwochen eingebracht. An einigen Standorten begleitete die Schulsozialarbeit Klassenlager, übernahm dabei selbst definierte Aufgaben und nutzte diese Gelegenheit, um mit den Kindern und Jugendlichen bestimmte Themen genauer zu bearbeiten.

Die Projekte wurden nur zum Teil von den Schulsozialarbeitenden allein durchgeführt. Zahlreiche Projekte wurden gemeinsam mit Lehrkräften geplant, konzipiert und realisiert. Darüber hinaus wurden für bestimmte Themen externe Fachpersonen einbezogen. Einige Projekte wurden von der Schulsozialarbeit initiiert und dann von externen Fachpersonen eigenständig durchgeführt.

Insbesondere bei der Projektarbeit zeigt sich, dass durch die Schulsozialarbeit das Bildungsangebot an Schulen inhaltlich sowie methodisch erweitert werden kann. An mehreren evaluierten Standorten wurden Projekte nach erfolgreicher Durchführung als dauerhaftes Angebot für Kinder und Jugendliche in der Schule regelmäßig wiederholt.

Im Arbeitsformat der sozialen Gruppenarbeit werden – wie bei der Projektarbeit – bestimmte Themen bearbeitet, jedoch steht in der sozialen Gruppenarbeit immer die Arbeit mit einer Gruppe, die bestimmte Merkmale oder Bedürfnisse aufweist, im Mittelpunkt. In der evaluierten Praxis wurden soziale Gruppenarbeiten z.B. mit Mädchen (Mädchencafé) durchgeführt, innerhalb derer dann die Teilnehmenden die Themen und Aktivitäten selbst bestimmten. Allerdings hat sich in der evaluierten Praxis gezeigt, dass es den Schulsozialarbeitenden zwar nicht an Ideen, jedoch an Arbeitszeit mangelt, um Angebote der sozialen Gruppenarbeit fortlaufend zu realisieren.

2.3.2 Schulentwicklung

Wie Abbildung 1 (Kap. 2.2) zeigt, arbeiteten alle Schulsozialarbeitenden auch einzelfallunabhängig mit der Schule zusammen. Die häufigste Form der einzelfallunabhängigen Zusammenarbeit mit der Schule war die Beteiligung der Schulsozialarbeit in schulischen Gremien, in denen pädagogische und soziale Fragen diskutiert werden. Die Schulsozialarbeitenden nahmen in diesen Gremien beratende Funktionen ein. An zwei Standorten wurde die Schulsozialarbeit auf ausdrücklichen Wunsch der Schule hin in diese Gremien integriert. Dies verdeutlicht auch das Bestreben von Schulen, durch das Wissen und die Perspektiven der Schulsozialarbeit neue Impulse für die Organisationsentwicklung zu bekommen. Schulsozialarbeit und Schule kooperieren in diesen Fällen nicht nur in Bezug auf Einzelfälle und Kriseninterventionen, sondern gleichfalls in Bezug auf die Entwicklung von Schulhauskultur, Wohlbefinden und sozialem Miteinander in Schulen.

2.3.3 Kooperation und Vernetzung

In struktureller Hinsicht stellt sich im Rahmen von Evaluationen die Frage nach dem Grad der erreichten Vernetzung der Schulsozialarbeit sowie der daraus resultierenden Intensität von Kooperationen. Schulsozialarbeit als neuer Dienst hat sich im Spektrum bisheriger Angebote und Dienste zu positionieren. Aus struktureller Perspektive ist Schulsozialarbeit nur gewinnbringend, wenn sie im lokalen Unterstützungssystem besondere Qualitäten erzeugt und Versorgungs-

bzw. Angebotslücken schließt. Schulsozialarbeitende sind somit an jedem Standort zunächst dazu herausgefordert, das lokale Unterstützungssystem mit allen Diensten und Angeboten kennenzulernen, um Möglichkeiten und Prozessabläufe gemeinsamer Kooperationen vereinbaren zu können. An den evaluierten Standorten führte dies z.b. dazu, dass Schulsozialarbeitende Kontakt zu allen relevanten weiteren Fachstellen und Diensten aufnahmen, sich bei ihnen vorstellten und gemeinsam mit ihnen Kooperationskonzepte und -vereinbarungen entwickelten.

Vernetzung und Kooperation ist jedoch kein Selbstzweck, sondern dient dazu, Kompetenzen und Wissen zu vernetzen und zusammenzuführen, um für die Nutzerinnen und Nutzer bestmögliche Hilfe anzubieten. Ob Kooperationen zu einem bestimmten Dienst notwendig sind, entscheidet sich demnach vom Einzelfall ausgehend. Der erreichte Grad an Vernetzung sowie vorhandene Kooperationskonzepte und -vereinbarungen geben im Rahmen von Evaluationen jedoch Hinweise darauf, wie intensiv und strukturiert bei Bedarf tatsächlich kooperiert werden kann.

2.3.4 Zusammenarbeit mit Lehrkräften

Die Zusammenarbeit zwischen Schulsozialarbeit und Lehrkräften ist von besonderer Relevanz, weil durch sie Prozessabläufe entstehen, die das Gelingen der Schulsozialarbeit maßgeblich beeinflussen. Zudem spiegelt sich in der Kooperation von Lehrkräften und Schulsozialarbeit die jeweilige Schulkultur wieder, also die Form des Umgangs mit Kindern und Jugendlichen sowie damit verbundene Perspektiven und Einstellungen.

Wie folgende Abbildung zeigt, haben die in den Evaluationen befragten Lehrkräfte vorrangig im Rahmen von Einzelfallarbeit und Projekten in der Klasse mit der Schulsozialarbeit zusammengearbeitet.

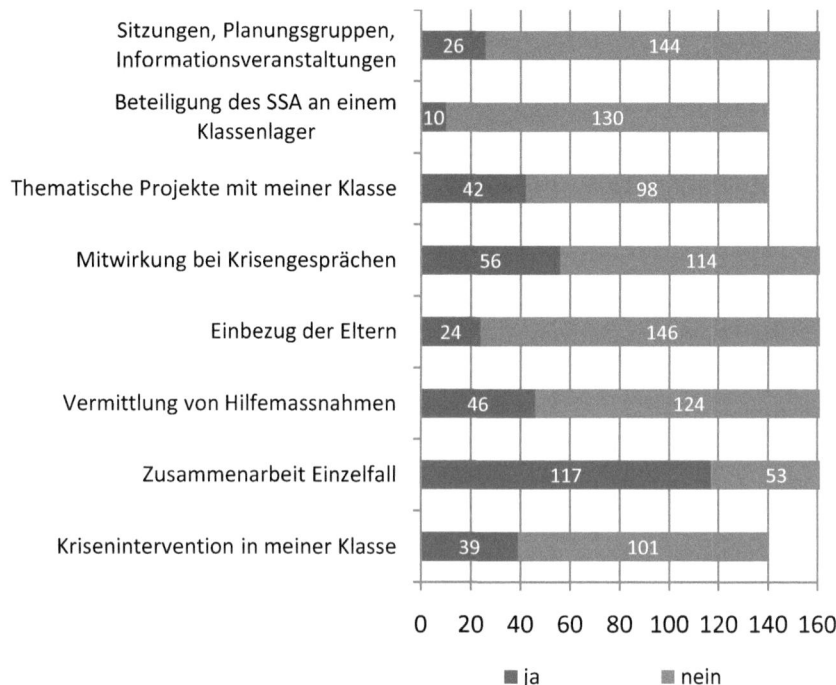

Abbildung 3: Arbeitsbereiche, in denen mit der Schulsozialarbeit zusammengearbeitet wurde

Dementsprechend stimmten 57.6% der befragten Lehrkräfte der Aussage „Durch die Schulsozialarbeit ist meine Handlungssicherheit in Krisensituationen gewachsen" mit „eher" und „völlig" zutreffend zu.

Folgende Tabelle fasst die Aussagen von Lehrkräften zusammen, die noch nicht mir der Schulsozialarbeit zusammengearbeitet haben. Es zeigt sich, dass eine Zusammenarbeit aus Sicht der Lehrkräfte vor allem dann nicht zustande kommt, wenn sie sich selbst als kompetent ansehen, anstehende Probleme zu lösen, wenn sie Aufgaben (wie z.B. die ausführliche Kontaktpflege zu Eltern) als ihre eigene ansehen oder wenn ihnen entweder die Funktion von Schulsozialarbeit unklar ist oder sie Zweifel über den Sinn der Zusammenarbeit haben.

Tabelle 4: Gründe für fehlende Zusammenarbeit Schule/Schulsozialarbeit aus Sicht Lehrkräfte (N=131)

Was waren die Gründe dafür, dass noch keine Zusammenarbeit mit der Schulsozialarbeit stattgefunden hat?

Versuche die Probleme alleine zu lösen	10
Pflege selbst Kontakt zu den Eltern	10
Versuche die Probleme zusammen mit anderen Lehrpersonen zu lösen	6
Funktion der SSA ist unklar	5
Habe von anderen Lehrern gehört, die Zusammenarbeit wäre nicht erfolgreich	3
Halte die Zusammenarbeit als nicht besonders hilfreich	2
Hatte noch keine Zeit mit der SSA in Kontakt zu treten	1

Eine Zusammenarbeit zwischen Schulsozialarbeit und Schule entwickelt sich demnach auf der Grundlage zweier Bedingungen: Erstens verstehen sich Lehrkräfte in Bezug auf Einzelfallarbeit als kooperative (oder ggf. auch delegierende) Personen und zweitens baut die Zusammenarbeit mit der Schulsozialarbeit auf einer Kenntnis über das Angebot der Schulsozialarbeit auf.

Um die Erfahrungen und Kooperationen der Lehrkräfte mit der Schulsozialarbeit zu erforschen, wurden die Lehrkräfte jeweils am Ende des Evaluationszeitraums befragt. Dabei hat sich an einigen Standorten gezeigt, dass die Kenntnis über das Angebot der Schulsozialarbeit erst während des Evaluationszeitraums entstanden ist. So gaben in den Befragungen zwar 64% der Lehrkräfte an, dass sie vor der Einführung der Schulsozialarbeit optimal über die konzeptionellen Grundlagen und das Angebot der Schulsozialarbeit informiert worden waren. Die übrigen Lehrkräfte fühlten sich jedoch eher „am Rande" oder gar nicht über die neue Schulsozialarbeit informiert. Waren Lehrkräfte zum Zeitpunkt der Einführung der Schulsozialarbeit nicht optimal informiert, so hatte dies für die konkrete Form der Zusammenarbeit mit der Schulsozialarbeit verschiedene Folgen: Einige Lehrkräfte kooperierten zunächst gar nicht, da ihnen unklar war, wann und in welcher Form dies geschehen soll. Andere Lehrkräfte suchten Kontakt in Angelegenheiten, für die sich die Schulsozialarbeit nicht zuständig erklärte. Beides hatte zur Folge, dass die Schulsozialarbeit zunächst viel Zeit damit verbringen musste, ihr eigenes Angebot im Schulhaus nochmals bekannt zu machcn und Formen und Inhalte von Kooperationen darzustellen.

Eine gelingende Einführung von Schulsozialarbeit setzt demnach voraus, dass auch das Schulhaus entsprechend vorbereitet wird. Um Missverständnisse und Kooperationshemmnisse zu vermeiden, haben sich in der Praxis ausführliche Informationsveranstaltungen bewährt. Werden Lehrkräfte vor der Einführung von Schulsozialarbeit nicht ausreichend über das Angebot der Schulsozialarbeit sowie mögliche Formen der Kooperation informiert, so sind die Schulsozialarbeitenden in der ersten Phase insbesondere damit beschäftigt, die Lehrkräfte zu informieren und gegebenfalls falsche Erwartungen zu korrigieren. An einem Standort, an welchem bei Projektstart die Kooperation zwischen Schule und Schulsozialarbeit von Seiten der Schulleitung wenig gefördert wurde und die Funktion von Schulsozialarbeit vielen Lehrkräften unklar war, blieb auch bis zum Ende der Pilotphase die Form der Zusammenarbeit zwischen Schule und Schulsozialarbeit uneindeutig.

2.4 Professionalität

Die Schulsozialarbeitenden an den evaluierten Standorten verfügten jeweils über Berufsqualifikationen im Bereich Sozialer Arbeit. Einige verfügten darüber hinaus über Weiterbildungen, die sie für das Handlungsfeld Schulsozialarbeit nutzen konnten (z.B. in Systemischer Beratung, Gewaltprävention und Systemischer Schulsozialarbeit). Alle Schulsozialarbeitenden reflektierten ihre Arbeit und deren Kontexte und konnten die Ausrichtung ihrer Praxis vor dem Hintergrund lokaler Besonderheiten fachlich begründen. Dies ist insbesondere vor dem Hintergrund bemerkenswert, dass die Professionellen an den evaluierten Standorten neu in das Handlungsfeld Schulsozialarbeit eingestiegen waren. Sie orientierten sich schnell in den Besonderheiten des für sie neuen Handlungsfeldes und wandten ihr Fachwissen in den Kontexten der Schulsozialarbeit an. Die Professionalität der evaluierten Schulsozialarbeitenden kann somit als hoch bezeichnet werden.

Professionstheoretisch kennzeichnet sich Professionalität nicht nur dadurch, dass die Praxis durch Fachwissen geprägt wird, sondern auch dadurch, dass Professionelle ihre Zuständigkeiten vor dem Hintergrund eigenen Fachwissens selbst bestimmen (vgl. Abbott 1988). Diesbezüglich befand sich die Schulsozialarbeit an mehreren evaluierten Standorten in einem Spannungsfeld zwischen Zuständigkeitserwartungen und eigenen Zuständigkeitsansprüchen. Die Schulsozialarbeitenden hatten sich fortlaufend gegenüber Erwartungen von verschiedenen Beteiligten, insbesondere von schulischer Seite, zu positionieren. Dies gelang an den evaluierten Standorten unterschiedlich umfangreich und in unterschiedlichem Tempo. Deutlich wurde dabei, dass die Zuständigkeitsansprüche der Schulsozialarbeit nicht eigenmächtig zu realisieren waren, sondern von der Kooperationsbereitschaft und Anerkennung der schulischen Seite abhängig waren. Professionalität in der Schulsozialarbeit unterliegt somit einem systemischen Kontext verschiedener Berufsgruppen.

Für die Konturen der Praxis und damit verbundene Formen der inhaltlichen Ausrichtung der Arbeit sowie Formen der Arbeitszeitverwendung ist demnach entscheidend, wer die Zuständigkeiten der Schulsozialarbeit auf welche Weise definiert und inwieweit definierte Zuständigkeiten realisierbar sind.

In der Praxis der Schulsozialarbeit – auch über die evaluierten Standorte hinaus – ist diesbezüglich zu beobachten, dass von unterschiedlicher Seite aus definiert werden kann, für was die Schulsozialarbeit zuständig sein soll. So können Praktiker/innen ihre Praxis damit begründen, dass es ihr 'Auftrag' ist, dies oder jenes zu tun oder zu lassen und somit ihre Praxis vom Auftrag des Arbeitgebers her definieren. Auch können Schulsozialarbeitende die eigene Praxis über den Bedarf vor Ort begründen, da dieser der Anlass war, Schulsozialarbeit einzuführen und nun entsprechend gedeckt werden muss. Hohe Professionaltät ist jedoch erst dann erreicht, wenn Praktiker/innen in der Schulsozialarbeit ihre Zuständigkeiten losgelöst von Vorgaben, Anweisungen, Erwartungen und Bedürfnissen vor Ort auf der Basis *fachlicher* Orientierungen *selbst* definieren. Erst dadurch wird es ihnen möglich, zu reflektieren, ob Zuständigkeitserwartungen von Beteiligten oder Arbeitsanweisungen in bereits vorhandenen schriftlichen Verordnungen, Konzepten oder 'Pflichtenheften' angemessen sind.

An manchen evaluierten Standorten konnten die Schulsozialarbeitenden ihre Zuständigkeitsansprüche nicht realisieren und von ihnen wurden Zuständigkeiten erwartet, die sie aus ihrem Berufsverständnis heraus nicht übernehmen wollten. Die Professionellen versuchten jedoch standhaft, ihre Vorstellungen von Berufspraxis zu realisieren. Wenn dies nicht gelang, wechselten die Schulsozialarbeitenden teilweise den Arbeitgeber. Pointiert zugespitzt lässt sich formulieren, dass Schulsozialarbeit nur dann für Kinder und Jugendliche positiv wirken kann, wenn sie von der Schule in ihrer eigenen Fachlichkeit ernst genommen wird.

Für weitere Praxisentwicklungen und Professionalisierung von Schulsozialarbeit in der Schweiz ist diesbezüglich noch hervorzuheben, dass sich professionelle Zuständigkeitsansprüche von Schulsozialarbeit nicht auf Arbeits*formate*, sondern Arbeits*inhalte* und fachliche Ziele beziehen. Zu definieren, dass Schulsozialarbeit für Beratungen im Schulhaus zuständig ist, ist demnach keine professionelle Zuständigkeitsbeanspruchung. Professioneller Schulsozialarbeit geht vielmehr die Definition von Zielen voraus, für deren Erreichung die Schulsozialarbeit im Schulhaus zuständig ist. Erst vor dem Hintergrund von Zielen und daraus abgeleiteten Zuständigkeiten kann die Schulsozialarbeit begründen, warum es Beratungsangebote in Schulen bedarf. Zudem kann sie auf dieser Grundlage entscheiden, welcher weiterer Praxisformen es im Schulhaus bedarf, um die entsprechenden Ziele zu erreichen. Muster der Arbeitszeitverwendung können somit nur von den Zielen der Schulsozialarbeit her und nicht von formalen Vorgaben oder Vorlieben der Praktiker/innen her begründet werden, wenn sie Ausdruck professionellen Handelns sein sollen.

2.5 Trägerschaften

In der Praxis sowie der Theorie der Schulsozialarbeit wird die Frage der Trägerschaft umfangreich diskutiert. An den evaluierten Standorten gab es sowohl Schulsozialarbeit unter schulischer Trägerschaft, als auch Trägerschaften seitens der Sozialverwaltungen sowie eigens für die Schulsozialarbeit eingerichtete Steuerungsgremien, die sich aus Vertreter/innen verschiedener Ressorts zusammensetzten.

Die Analyse dieser unterschiedlichen Formen der Trägerschaften ergibt, dass jede der genannten Trägerformen dazu geeignet sein *kann*, Schulsozialarbeit zu führen und zu steuern. Aufgrund ihrer fachlichen Herkunft ist die Schulsozialarbeit zwar am ehesten bei den Sozialverwaltungen ideal angegliedert, jedoch können sich auch schulische Trägerschaften für die Schulsozialarbeit bewähren. Voraussetzung für eine professionelle Schulsozialarbeit unter schulischer Trägerschaft ist, dass Schulleitungen nicht nur die fachliche Eigenständigkeit von Schulsozialarbeit anerkennen, sondern diese auch aktiv einfordern und dessen Integration in den Schulalltag fördern. Auch ressortübergreifende Steuerungsgremien haben sich als geeignete Formen der Führung von Schulsozialarbeit erwiesen, sind jedoch die zeitaufwändigste Form der Trägerschaft.

Vor dem Hintergrund dieser Erkenntnisse stellt sich die Frage, was dies zur viel diskutierten Frage nach der 'richtigen' Trägerschaft beiträgt. Die im Rahmen der Evaluationen ermöglichten Einblicke in verschiedene Formen der Steuerung bekräftigen die These, dass es nicht primär auf die Struktur der Steuerung, sondern auf die Qualität der Steuerung ankommt. Diese Qualität kann von unterschiedlichen Trägerschaften auf unterschiedliche Weise gewährleistet werden. Damit bestätigt sich die bereits von Speck formulierte Argumentation, dass es nicht vorrangig um die Frage nach dem richtigen Träger*modell* geht, sondern primär um die Frage der Träger*kompetenz*, die in jedem der genannten Modelle unterschiedlich umfangreich vorhanden sein kann (vgl. Speck 2006). Insofern ist es durchaus denkbar, dass an einem Standort Schulsozialarbeit unter schulischer

Trägerschaft besser gelingt als an einem anderen Standort unter der Führung der Sozialverwaltung. Zentraler Evaluationsgegenstand sollten daher nicht die Strukturen oder Modelle sein, durch die Schulsozialarbeit fachlich und personell geführt wird, sondern die in den verschiedenen Trägerschaften vorhandenen Kompetenzen zur Führung von Schulsozialarbeit.

Zentrale Kompetenz einer Führungsinstanz ist es, der Schulsozialarbeit Professionalität im Sinne fachlicher Arbeit im schulischen Kontext zu ermöglichen. Diese Kompetenz sollte einhergehen mit einer Sensibilität für eventuelle Schwierigkeiten multiprofessionellen Handelns im schulischen Kontext. Darüber hinaus erfordert eine gute Trägerschaft die Kenntnis des lokalen Hilfe- und Unterstützungssystems, um die Schulsozialarbeit darin verorten zu können. Eine angemessene Trägerschaft verfügt grundlegend über Entscheidungskompetenzen zur Veränderung von Strukturen und Prozessen.

2.6 Organisationsform und Art der Versorgung

Neben der Frage nach der Trägerschaft wird für die Schulsozialarbeit vor dem Hintergrund unterschiedlicher Modelle auch die Frage diskutiert, für wie viele Schulhäuser die Schulsozialarbeit auf welche Weise zuständig sein sollte. Diesbezüglich stellen sich nicht nur administrative Fragen, z.B. nach dem Personalschlüssel und der Infrastruktur. Insbesondere interessiert jedoch, wie sich Zuständigkeiten für mehrere Schulhäuser auf die Qualität der Arbeit auswirken. An den evaluierten Standorten wurde Schulsozialarbeit mit der Zuständigkeit für ein einziges Schulhaus von den Nutzerinnen und Nutzern, den Verantwortlichen in den Gemeinden sowie den Schulsozialarbeitenden selber deutlich am Positivsten bewertet. Zuständigkeiten für zwei oder noch mehr Schulhäuser gingen demgegenüber mit Qualitätsminderungen einher, die so deutlich und umfangreich waren, dass solche Organisationsformen nicht empfohlen werden können. Bei Zuständigkeiten für mehr als ein Schulhaus verdoppeln sich für die Schulsozialarbeit zahlreiche Aufgaben: Das Einrichten des Büros, das Bekanntmachen bei den Schülerinnen und Schülern, der Kontaktaufbau zu den Lehrkräften, die Aushandlung von Prozessabläufen und die Verortung der eigenen Arbeit in der Schulkultur, die selbst in der gleichen Gemeinde von Schulhaus zu Schulhaus unterschiedlich sein kann. Ist die Schulsozialarbeit für mehrere Schulhäuser zuständig, erhöht sich somit der Aufwand für administrative und organisatorische Angelegenheit, für Grundlagenarbeit, Beziehungsaufbau zu Schüler/innen, Schulleitungen und Lehrkräften und führt zu teilweise beträchtlichen Wegzeiten zwischen den verschieden Standorten. Der Anteil an Arbeitszeit für direkte Hilfeleistungen sowie die niederschwellige Erreichbarkeit verringert sich dadurch. An Standorten, an denen die Schulsozialarbeit für mehrere Schulhäuser zuständig ist, gibt es häufig das Modell, dass die Schulsozialarbeit einen 'Hauptstandort' hat und dafür je nach Bedarf mit weniger Arbeitszeit auch an den anderen Schulen tätig wird. Diese Organisationsformen, die auch als 'ambulantes' Modell bezeichnet werden können, kennzeichnen sich dadurch, dass am Hauptstandort durchaus hohe Qualität erreicht werden kann, an den ambulant versorgten Schulhäusern häufig jedoch nur punktuelle Krisenintervention unter ungünstigen Rahmenbedingungen (z.b. keine geeigneten Räume) geleistet werden können. Ambulant versorgte Schulhäuser kennzeichnen sich dann oftmals durch Unzufriedenheit aller Beteiligten über die Schulsozialarbeit.

2.7 Bedarfserhebungen, Planung und Erwartungsproduktionen

In der Planungsphase der Schulsozialarbeit kann es aus zwei Gründen dazu kommen, dass am tatsächlichen Bedarf vorbeigeplant wird.

Für die Planungsphase stellt sich die Frage, wer überhaupt welchen Bedarf äußern kann. In der Regel werden Lehrkräfte sowie Vertreter/innen schulnaher und schulischer Dienste nach ihrer Einschätzung befragt oder es wird ein gesamthaftes Urteil der Schulleitung zur Grundlage der Bedarfsabschätzung gemacht. Obwohl die Schulsozialarbeit an nahezu allen Standorten als Dienstleistung primär für Kinder und Jugendliche verstanden wird, werden Kinder und Jugendliche in der Regel nicht in die Bedarfsplanungen mit einbezogen. Einschätzungen, wenn sie nur den von den Erwachsenen interpretierten Bedarf aufnehmen, können jedoch dazu führen, dass am tatsächlichen Bedarf von Kindern und Jugendlichen vorbeigeplant wird. Dieser zeigt sich dann erst nach der Einführung der Schulsozialarbeit durch die konkrete Nutzung seitens der Schülerinnen und Schüler. Dies führte bereits an vielen Standorten zu konzeptionellen und strukturellen Veränderungen.

Zudem kam es im Rahmen von Bedarfserhebungen immer wieder vor, dass Lehrkräfte ihren Bedarf an Schulsozialarbeit formulieren sollten, ohne dass sie jedoch genau wussten, was Schulsozialarbeit ist bzw. ohne dass sie konkrete Praxiserfahrung mit ihr hatten. Dies führte an einigen der evaluierten Standorte dazu, dass die Lehrkräfte sehr hohe Erwartungen an die Schulsozialarbeit formulierten und sämtliche Missstände und Belastungen an der Schule durch die Schulsozialarbeit bearbeitet und gelöst haben wollten. Für die Schulsozialarbeit hatte diese Erwartungsproduktion zur Folge, dass sie sich demgegenüber zu positionieren hatte und in Bezug auf einige Wünsche für Enttäuschungen sorgte, da sie nicht alle Erwartungen erfüllen wollte bzw. konnte. Am tatsächlichen Bedarf kann somit leicht vorbeigeplant werden, wenn Beteiligte ihren Bedarf an Schulsozialarbeit formulieren sollen, ohne dass sie wissen, was Schulsozialarbeit ist oder wenn Schulsozialarbeit auf Bedürfnisse von Kindern und Jugendlichen reagieren soll, ohne dass diese erhoben wurden.

In der deutschsprachigen Schweiz wurde Schulsozialarbeit zunächst vorrangig an Sekundarstufen und erst in den letzten Jahren vermehrt auch an Primarschulen eingeführt. Grund dafür ist vielerorts sozial auffälliges Verhalten von jugendlichen Schülerinnen und Schülern. Wird jedoch nicht das soziale Verhalten, sondern die individuelle Belastung von Kindern und Jugendlichen als Maßstab zur Notwendigkeit von Schulsozialarbeit herangezogen, so wird leicht ersichtlich, dass bereits Kinder im Primarschulalter in belasteten sozialen Kontexten leben und dass auch Schülerinnen und Schüler auf Schulen mit höheren Niveauanforderungen individuelle und soziale Probleme haben – bis hin zum Forschungsbefund, dass Schülerinnen und Schüler auf Gymnasien den größten individuellen Stresssituationen und psychosozialen Belastungen ausgesetzt sind (vgl. Seiffge-Krenke 2006). Wird Schulsozialarbeit nicht als Bearbeitungsform sozialer Auffälligkeiten, sondern als Unterstützung für individuelle Problemlagen verstanden, so lässt sich nicht argumentieren, dass es grundsätzlich Schulstufen oder Schulen mit bestimmten Niveauanforderungen gibt, an denen Schulsozialarbeit nicht benötigt wird.

3 Phänomenologie der Schulsozialarbeit

Grundlegend für die folgenden Analysen ist die Erkenntnis, dass Schulsozialarbeit von verschiedenen Beteiligten unterschiedlich wahrgenommen und genutzt werden kann. Dies wird nicht nur im Vergleich mehrerer Standorte deutlich, sondern kann durchaus auch in Bezug auf ein und dieselbe Schulsozialarbeit der Fall sein. So verhalten sich z.B. Lehrkräfte unterschiedlich gegenüber der Schulsozialarbeit und auch Schülerinnen und Schüler sehen die Schulsozialarbeit aus unterschiedlichen Perspektiven und messen ihr unterschiedliche Bedeutungen bei. Diese Gemengelage an Interessen und Erwartungen lassen die Schulsozialarbeit in einer gesamthaften Analyse immer wieder auch als ein Handlungsfeld erscheinen, in dem es zu Widersprüchen kommen kann.

Im Folgenden werden unterschiedliche Nutzungsweisen von Schulsozialarbeit und daraus resultierende Folgen anhand eines kulturphänomenologischen Ansatzes analysiert, um auf diese Weise die Komplexität des Handlungsfeldes sowie mögliche Widersprüche herauszuarbeiten und vertieft verstehbar zu machen.

3.1 Vom Sinn und Problem, Schulsozialarbeit zu definieren

In der Auseinandersetzung mit Schulsozialarbeit stellt sich für unterschiedliche Beteiligte eine zentrale Frage, deren Beantwortung weitreichende Konsequenzen hat. Die Frage lautet: „Was ist Schulsozialarbeit?".

Diese Frage stellt sich nicht nur Theoretikern oder der analytischen Wissenschaft, die die Schulsozialarbeit zum Gegenstand ihrer Untersuchungen machen. Ebenso suchen Praktikerinnen und Praktiker nach Antworten, um davon ausgehend z.B. zu konkretisieren, was gute Praxis ist. Schülerinnen und Schülern sowie deren Eltern, denen mitgeteilt wird, dass an ihrer Schule Schulsozialarbeit eingeführt wird, wollen ebenfalls wissen, was sie sich darunter vorstellten können. Politisch Verantwortliche und Verwaltungen, die eine Lösung für bestimmte Probleme suchen und gehört haben, dass in der Nachbar-Gemeinde gute Erfahrungen mit Schulsozialarbeit gemacht wurden, suchen nach Antworten darauf, was dies für ihre eigene Gemeinde bedeuten könnte. Lehrkräfte, die Lösungen für Alltagsprobleme suchen oder denen die Schulsozialarbeit als neuer Bestandteil von Schule vorgestellt wird, wollen sich ein Bild von Schulsozialarbeit machen. Kurzum: Alle, die mit der Schulsozialarbeit auf irgendeine Art und Weise zu tun haben, benötigen ein Verständnis von Schulsozialarbeit, um sie einordnen und mit ihr umgehen zu können. Dies verdeutlicht die Relevanz der Antwort auf die Frage, was Schulsozialarbeit ist.

So trivial diese Frage vielleicht erscheint, so schwierig ist ihre Beantwortung und so uneinheitlich sind die Antworten, die gefunden werden. In der Auseinandersetzung mit dieser Frage können unterschiedliche Aspekte hervorgehoben werden und Antworten können auf unterschiedliche Weise entstehen. Ein Beispiel kann dies verdeutlichen: In dem von der Schweizerischen Koordinationsstelle für Bildungsforschung herausgegebenen Buch „Die Schulsozialarbeit kommt an!" formulierte Vögeli-Mantovani folgende Definition von Schulsozialarbeit:

> „Schulsozialarbeit ist die organisatorische, kooperative und auf Dauer angelegte Integration einer zusätzlichen, eigenständigen fachlichen Kompetenz und Dienstleistung in die Institution Schule, um die Umsetzung eines umfassend verstandenen Bildungs- und Erziehungsauftrages der Schule mit erweiterten, den Problemen und Umständen der Lernenden und Heranwachsenden angepassten Mitteln und Aktivitäten zu unterstützen" (Vögeli-Mantovani, 2005, S. 24).

Diese Definition ist eine mögliche Antwort auf die Frage, was Schulsozialarbeit ist. Eine ganz andere Definition von Schulsozialarbeit formulierte ein Schüler im Rahmen einer Evaluation in einem Fragebogen:

> „Schulsozialarbeit ist etwas für Mädchen, die Probleme mit ihrem Busen haben" (ein Schüler).

In der Gegenüberstellung dieser beiden Antworten auf die Frage, was Schulsozialarbeit ist, zeigt sich das breite Spektrum dessen, was unter Schulsozialarbeit verstanden werden kann. Es stellt sich somit die Frage, wie damit umgegangen werden kann. Es kann z.B. die Frage gestellt werden, welche der beiden Definitionen angemessener ist oder wer von beiden Recht hat. Es käme vermutlich die Antwort, dass Vögeli-Mantovani richtiger liegt, da seine Antwort exakter und differenzierter sei und immerhin in einem Buch publiziert wurde. Zudem schließt die Definition von Vögeli-Mantovani ohnehin das verkürzte Verständnis des Schülers ein. Eine solche Auseinandersetzung mit der Frage, was Schulsozialarbeit ist, ist jedoch wenig erkenntnisfördernd. Weiterführender als die Suche nach der korrekten Antwort sind in diesem Zusammenhang Überlegungen zur Frage, unter welchen Voraussetzungen es überhaupt möglich ist, die Frage, was Schulsozialarbeit ist, zu beantworten, und welche Konsequenzen die darauf gefundenen Antworten haben können. Welche Konsequenzen Definitionen und Bedeutungszuschreibungen zukommen, lässt sich mit Bezug auf soziologische Handlungstheorien verdeutlichen. Das für diese Kontexte relevante Thomas-Theorem verdeutlicht, dass Dinge erst durch Definitionen wirklich werden und Definitionen wiederum den Umgang mit den Dingen prägen: „If men define situations as real, they are real in their consequences" (vgl. z.B. Knoblauch 2005, S. 138). Je nachdem also, wie eine Situation oder ein Gegenstand definiert wird, hat dies reale Konsequenzen. Deutlich wird dieser Zusammenhang auch in den Grundgedanken des symbolischen Interaktionismus. Blumer (1973, S. 81) formulierte für die Auseinandersetzung des Menschen mit seiner Umwelt und daraus resultierenden Bedeutungszuschreibungen und Handlungen folgende drei Prämissen:

1. Menschen handeln 'Dingen' gegenüber aufgrund der *Bedeutungen*, die diese Dinge für sie besitzen; dabei sind 'Dinge' auch Menschen, Situationen und Institutionen.
2. Die Bedeutung der Dinge wird aus der *sozialen Interaktion*, die man mit seinen Mitmenschen eingeht, abgeleitet, oder entsteht aus ihr.
3. Diese Bedeutungen werden in einem *interpretativen Prozess*, den die Person in ihrer Auseinandersetzung mit den ihr begegnenden Dingen benutzt, gehandhabt und geändert.

Durch diese kurzen Bezüge zu soziologischen Handlungstheorien wird deutlich, dass die Definition der Dinge unterschiedlich sein kann und dass diese den Umgang mit den Dingen prägen. Dadurch werden auch die beiden oben angeführten Antworten auf die Frage, was Schulsozialarbeit ist, vertieft diskutierbar. Auch wenn die Definition von Vögeli-Mantovani in der Fachwelt vielleicht auf breite Zustimmung stößt, ist sie zunächst eine abstrakte Definition, die in einem Buch zu finden ist. Die entscheidende Frage ist, ob die Akteure in der sozialen Wirklichkeit (also Praktiker/innen, Schüler/innen, Lehrkräfte, Eltern, Politiker/innen etc.) diese Definition zur Grundlage ihres Handelns machen oder ganz andere subjektive Deutungen von Schulsozialarbeit haben, die entsprechend zu anderen Handlungen führen.

Die Aussage des Schülers, dass Schulsozialarbeit etwas für Mädchen ist, die Probleme mit ihrem Busen haben, ist ein Beispiel für eine solche subjektive Deutung. Angenommen, der Schüler hat diese Aussage ernst gemeint und er schreibt der Schulsozialarbeit keine weiteren Bedeutungen zu, so lassen sich darauf aufbauende Handlungen des Schülers mit hoher Wahrscheinlichkeit voraussagen: Er selbst wird die Schulsozialarbeit nicht von sich aus aufsuchen, da sie für ihn kein Hilfeangebot darstellt. Er wird wohl eher andere Jungen auslachen, wenn sie zur Schulsozialarbeit gehen oder er wird sich in seinem Freundeskreis über Mädchen lustig machen, die bei der Schulsozialarbeit waren, weil sie ja offenbar Probleme mit ihrem Busen haben (was für ihn und seine Freunde einiges an Gesprächsstoff zu bieten hat).

Die Bedeutungszuschreibung des Schülers prägt somit seine Handlungen gegenüber der Schulsozialarbeit. Auf der Grundlage der oben angeführten Theorie des symbolischen Interaktionismus kann dieser Gedanke weitergeführt werden. Allein durch soziale Interaktion und entsprechende interpretative Prozesse werden veränderte, erweiterte Bedeutungszuschreibungen möglich, auf deren Grundlage neues Handeln gegenüber der Schulsozialarbeit entstehen kann. Eine solche soziale Interaktion könnte z.b. darin bestehen, dass einer der Freunde des Schülers seiner Deutung widerspricht oder dass sich die Schulsozialarbeit in der Klasse des Schülers vorstellt und sich dabei als kompetente Ansprechperson für weitere, auch für den Schüler interessante Fragen und Angelegenheiten präsentiert. Die in solchen Interaktionen stattfindenden Neuinterpretationen von Schulsozialarbeit führen wiederum zu neuen Handlungen.

Vor dem Hintergrund dieser Überlegungen ergibt sich eine weitere Vergleichsmöglichkeit der Definitionen. Die beiden angeführten Antworten auf die Frage, was Schulsozialarbeit ist, unterscheiden sich nicht nur inhaltlich, sondern auch hinsichtlich ihrer Art. Vögeli-Mantovani definiert Schulsozialarbeit vor dem Hintergrund einer theoretischen Auseinandersetzung mit dem Fachdiskurs. Die Aussage des Schülers hingegen ist eine in der sozialen Praxis entstandene subjektive Deutung, die konkret handlungswirksam ist. Theoretische Definitionen wie die von Vögeli-Mantovani werden von Bourdieu/Wacquant auch als „professorale" Definitionen kategorisiert, die zwar argumentativ überzeugen können und gegebenenfalls auch die Interpretation der Dinge beeinflussen, jedoch zunächst nichts über die empirische Wirklichkeit aussagen (vgl. Bourdieu/Wacquant 1996, S. 125; dazu auch: Barlösius 2004, S. 183). Soziale Praxis hingegen konstituiert sich durch die real vorhandenen Bedeutungsbeimessungen der beteiligten Akteure und diese können sich – wie am Beispiel des Schülers exemplarisch aufgezeigt – deutlich von theoretischen Definitionen unterscheiden. Die Eingangsfrage, was Schulsozialarbeit ist, lässt sich über „professorale" Definitionen nicht beantworten, denn diese drücken genau genommen nur das aus, was Schulsozialarbeit nach Meinung des jeweiligen Autors oder der Autorin *sein sollte* und nicht, was sie tatsächlich *ist*.[7] Anders ausgedrückt: der Wert professoraler Definitionen besteht darin, dass sie fachliche Positionierungen ausdrücken, die bei der Interpretation der Dinge in der sozialen Praxis berücksichtigt werden sollen.[8]

---

[7] Entlang dieser Unterscheidung zeigt sich ein weiteres Problem professoraler Definitionen: Anhand welcher Maßstäbe kann die Qualität einer solchen Definition bestimmt werden? Gibt eine professorale Definition Orientierungen darüber, was Schulsozialarbeit *sein sollte*, so ist das zentrale Kriterium die *fachliche Angemessenheit* der Aussage. Geben hingegen Beschreibungen zur Schulsozialarbeit Auskunft darüber, was Schulsozialarbeit *ist*, so ist das zentrale Kriterium ihre *empirische Validität*.

[8] Eine Übersicht zu verschiedenen Definitionen von Schulsozialarbeit findet sich bei Baier 2007, S. 186. Dort wird deutlich, dass auch im Fachdiskurs keine einheitliche Auffassung darüber herrscht,

Die Frage, was Schulsozialarbeit *ist*, fordert demzufolge zu empirischer Forschung heraus, die die subjektiven Wirklichkeitskonstruktionen (bzw. Bedeutungsbeimessungen) der beteiligten Akteure sowie darauf aufbauende Handlungsweisen in den Blick nimmt, um auf dieser Grundlage Erscheinungsformen von Schulsozialarbeit sowie deren Konstitutionsbedingungen, Nutzungsweisen und Wirkungen vertieft verstehen zu können.

Eine aussagekräftige Beantwortung der Frage, was Schulsozialarbeit ist, verlangt somit eine Beschreibung und Analyse dessen, was unterschiedliche Akteure in der Praxis als Schulsozialarbeit verstehen. Um eine solche Beschreibung von Schulsozialarbeit zu erarbeiten, bietet sich ein kulturphänomenologischer Ansatz an, der im Folgenden zunächst kurz hinsichtlich seiner theoretischen Grundlagen beschrieben wird.[9] Daran anschließend werden die Ergebnisse der kulturphänomenologischen Analysen dargestellt.

3.2 Theoretische Grundlagen kulturphänomenologischer Analysen

3.2.1 Phänomenologische Grundlagen

Grundlegend für die Phänomenologie ist die bereits von Kant hervorgehobene Unterscheidung zwischen den „Dingen an sich" und ihren Erscheinungen (vgl. Kant 1989, S. 48, orig. 1783). Von den Dingen an sich – so argumentierte Kant – sind immer nur Erscheinungen wahrnehmbar, da das Wesen nicht erkannt werden kann. Die Erscheinungen der Dinge werden auch als Phänomene bezeichnet (vgl. z.B. Held 2002, S. 16 und Lübcke 1994, S. 76). Wie etwas den Menschen erscheint, in welchen Kontexten und unter welchen Voraussetzungen dies geschieht, ist unterschiedlich. Die Phänomenologie als wissenschaftlich-philosophischer Zugang zu den Phänomenen beschäftigt sich nicht nur mit der Frage, als was etwas erscheinen kann. Innerhalb der Phänomenologie werden verschiedene weitere Fragen und Vorhaben verfolgt, die zu unterschiedlichen und teilweise auch konträren Strömungen geführt haben. So wird die Phänomenologie z.B. als Versuch angesehen, die Philosophie als Wissenschaft zu (re)formulieren, es werden Verfahren entwickelt und begründet, über die dem Wesen der Dinge nachgegangen wird und es wird nach den Bedingungen gefragt, unter denen ein Ding überhaupt als Erscheinung wahrnehmbar wird (vgl.

---

was unter Schulsozialarbeit genau verstanden werden soll. Für das Fachwissen zu Schulsozialarbeit trifft demnach die von Stehr (2003) für die Gesamtheit des Wissens formulierte "Unreinheit des Wissens" zu, die sich in Bezug auf Schulsozialarbeit in unterschiedlichen Positionierungen und Akzentuierungen ausdrückt.

[9] Die theoretischen Grundlagen des kulturphänomenologischen Ansatzes werden im Folgenden nur kurz zusammengefasst. Ausführliche Erläuterungen finden sich bei Baier (2007 und 2009).

z.B. Srubar 2007; Zahavi 2007; Waldenfels 1992; Merleau-Ponty 1976; Husserl 1998). Aus dem Spektrum phänomenologischer Erkenntnisse, Argumentationen und Reflexionen sind für die kulturphänomenologischen Analysen folgende Elemente besonders relevant:

- Es wird grundlegend davon ausgegangen, dass Dinge unterschiedlich und vielfältig erscheinen können.
- Die Vielfalt an Erscheinungsformen ermöglicht es, die Dinge auf bestimmte Aspekte zu reduzieren.
- Reduktionen von Erscheinungen auf bestimmte Aspekte sind dann legitim, wenn sie sich an der Frage orientieren, welche Eigenschaften einem Gegenstand „notwendig zukommen und welche sich wegdenken lassen, ohne dass der Gegenstand dabei sein Wesen, d.h. seine Zugehörigkeit zu einer bestimmten Klasse, verliert" (vgl. Hügli/Lübke 1991, S. 618 sowie Husserl 1998, S. 255 ff.).
- Neben einer bestimmten Erscheinungs*form* ist das Erscheinen der Dinge auch durch bestimmbare Erscheinungs*weisen* gekennzeichnet (vgl. Zahavi 2007, S. 13).
- Dinge können nicht beliebig vielfältig erscheinen, sondern können werden innerhalb eines begrenzten Spektrums wahrgenommen.
- Die Wahrnehmung der Phänomene durch die Subjekte ist voraussetzungsvoll. Die Deutung der Dinge geschieht in Interaktion mit den Dingen, ist jedoch auch vom gesellschaftlichen Status des Subjekts abhängig, der dem Subjekt bestimmte Deutungen von Wirklichkeit ermöglicht oder verschließt (vgl. Bühl 2007; Raab et al. 2007).

Über phänomenologische Zugänge wird versucht, Phänomene in ihren Kontexten sowie ihren konkreten Erscheinungsformen und -weisen vertieft zu verstehen. Phänomenologie beginnt dort, „wo die Phänomenalität der Phänomene und ihr Logos selbst zum Thema gemacht wird" (Waldenfels 1992, S. 19). Diese Überlegungen lassen sich auf Schulsozialarbeit beziehen. Aus phänomenologischer Sicht

- kann Schulsozialarbeit unterschiedliche Erscheinungsbilder annehmen,
- kann das Gesamtspektrum an äußerlichen Erscheinungsbildern von Schulsozialarbeit auf bestimmte Merkmale reduziert werden,
- ist die Wahrnehmung von Schulsozialarbeit von bestimmten Kontexten abhängig und hat einige Voraussetzungen.

In einem ersten Schritt zur kulturphänomenologischen Analyse von Schulsozialarbeit wird die Vielfalt an Erscheinungsformen reduziert: Schulsozialarbeit wird – jenseits sämtlicher möglichen Erscheinungsformen – zunächst als ein *Diskurskonstrukt* verstanden, also als etwas, über das gesprochen, diskutiert, informiert und geschrieben wird. Dieses Diskurskonstrukt erscheint auf unterschiedliche Weise und in unterschiedlicher Form. Wie es zu diesen Unterschieden kommt, kann mit Bezug auf kulturtheoretische Überlegungen analysiert werden. Dafür werden im Folgenden zunächst kulturtheoretische Grundlagen erläutert, die anschließend – mit Bezug auf phänomenologische Reflexionen – in eine kulturphänomenologische Analyse von Schulsozialarbeit münden.

3.2.2 Kulturtheoretische Grundlagen

Der Kulturbegriff wird in den Kulturwissenschaften, der Kulturphilosophie und der sozialwissenschaftlichen Kulturtheorie ausführlich diskutiert und unterschiedlich präzisiert und verwendet. Kroeber/Kluckhohn dokumentierten bereits im Jahr 1952 über 160 verschiedene Verwendungsweisen des Kulturbegriffes in verschiedenen Wissenschaften (vgl. Kroeber/Kluckhohn 1952). Auch in den Erziehungswissenschaften und der Sozialen Arbeit wird der Kulturbegriff – nicht immer einheitlich – verwendet (vgl. z.B. Bollenbeck 1996; Niemeyer 2004, Opielka 2006, Küster 2003, Treptow 2001, Dewe/Scherr 1990 und Liebau 1992).

Die Vielfalt an Begrifflichkeiten und kulturtheoretischen Zugängen hat in den letzten Jahren zu verschiedenen Systematisierungsversuchen geführt (vgl. hierzu die Analysen von Bachmann-Medick 2006 und Reckwitz 2000 u. 1999). Die Unterschiede in den Kulturtheorien und -begriffen haben unter anderem zur Folge, dass jede kulturtheoretische Konkretisierung des Kulturbegriffs von einer anderen kulturtheoretischen Position aus kritisierbar wird. Vor diesem Hintergrund scheint der Sinn und Wert von „Kultur" als Deutungs- und Reflexionshorizont in Frage gestellt. Dennoch erfreuten sich Kulturtheorien in den letzten Jahren neuer Beliebtheit, denn sie ermöglichen es, bestimmte Teilaspekte gesellschaftlichen Lebens unter einem besonderen Fokus zu betrachten und über den Begriff der Kultur zusammenzufassen.

Einer der Kulturbegriffe, der in den letzten Jahren in verschiedenen Publikationen und theoretischen Ansätzen verwendet wurde, ist das Verständnis von Kultur als Überlebensstrategie (vgl. z.B. Bhabha 2000, S. 257 und Inglehart 1998, S.

80).[10] Ein Verständnis von Kultur als Überlebensstrategie ist aus verschiedenen Gründen attraktiv, um Phänomene und Kontexte zu analysieren. Ein Verständnis von Kultur als Überlebensstrategie ermöglicht es:

- prozesshafte Veränderungen gesellschaftlicher Praxis als kulturellen Wandel zu analysieren, da sich in gesellschaftlicher Praxis die Überlebensstrategie der Gesellschaft widerspiegelt;
- zwischen angestrebter, also rein mental vorhandener Überlebensstrategie auf der einen und praktizierter Lebensweise auf der anderen Seite zu differenzieren. Dies ermöglicht den Blick auf das Spannungsverhältnis zwischen angestrebter und tatsächlich gelebter Überlebensstrategie;
- Materialisierungen und Objektivierungen innerhalb einer Gesellschaft als Ausdruck von Kultur zu verstehen, also als Ausdruck der Art und Weise, wie eine Gesellschaft ihr Überleben sichert und organisiert (vom Handwerkzeug der Inka bis zum Hochgeschwindigkeitszug);
- kollektive und individuelle Überlebensstrategien zu unterscheiden, wodurch die Analyse kultureller Heterogenität ermöglicht wird.

Vor diesem Hintergrund wird auch Schulsozialarbeit als Bestandteil von Kultur versteh- und diskutierbar, denn sie trägt dazu bei, das gesellschaftliche Leben zu gestalten. Sie ist somit Teil der facettenreichen Überlebensstrategie einer Gesellschaft.

3.2.3 Synthese der phänomenologischen und kulturtheoretischen Grundlagen in Bezug auf Schulsozialarbeit

Vor dem Hintergrund der angeführten phänomenologischen und kulturtheoretischen Überlegungen lässt sich folgende Ausgangsthese zur Schulsozialarbeit formulieren:

Schulsozialarbeit kann auf ihre Erscheinung als Diskurskonstrukt reduziert werden. Schulsozialarbeit erscheint als Institution und soziale Praxis, wenn mit dem Diskurskonstrukt kollektive oder individuelle Überlebensstrategien verknüpft werden.

---

[10] vgl. zur ausführlichen Begründung und Diskussion eines Verständnisses von Kultur als Überlebensstrategie: Baier 2009 und 2007.

Eine Diskussion zur Frage, ob Schulsozialarbeit cingeführt werden soll, ist vor diesem Hintergrund auch als Auseinandersetzung über die Frage zu verstehen, ob eine Schule oder Gemeinde ihre Überlebensstrategie (Kultur) mit der Schulsozialarbeit verknüpfen will. Wird diese Frage bejaht, wird Schulsozialarbeit nicht nur zum Bestandteil der kollektiven Überlebensstrategie der Schule bzw. Gemeinde. Darüber hinaus wird es für weitere Beteiligte (Schüler/innen, Eltern, weitere soziale Dienste) möglich, ihre Überlebensstrategien mit der Schulsozialarbeit zu verbinden und dadurch ihr Erscheinungsbild mit zu prägen. Schulsozialarbeit wird damit zum Bestandteil von Kultur, oder präziser: Die unterschiedlichen Erscheinungsformen von Schulsozialarbeit dokumentieren ihre Eingebundenheit in verschiedene Kulturen.

3.3 Erscheinungsformen von Schulsozialarbeit

Im Folgenden werden verschiedene Erscheinungsformen von Schulsozialarbeit dargestellt und erläutert. Die Ausführungen beschränken sich nicht einzig auf die empirischen Daten, die im Rahmen der hier zu Grunde liegenden Evaluationen erhoben wurden, sondern beziehen sich darüber hinaus grundsätzlich auf Entwicklungen der Schulsozialarbeit in der Schweiz.

Die zentralen Fragen der vorliegenden kulturphänomenologischen Analyse lauten: Wem erscheint Schulsozialarbeit als was und auf welche Strategien von wem sind diese Wahrnehmungen und Erscheinungsformen zurückzuführen?

Folgende Abbildung veranschaulicht verschiedene Erscheinungsformen von Schulsozialarbeit. Im Anschluss daran werden die verschiedenen Formen hinsichtlich der ihnen zu Grunde liegenden Strategien erläutert.

(1) Schulsozialarbeit als soziale Innovation

(2) Schulsozialarbeit als Konservierungsmittel

(3) Schulsozialarbeit als Auffangnetz

(4) Schulsozialarbeit als Mensch gewordener Rohrstock

(5) Schulsozialarbeit als Mittel zur Professionalisierung des Lehrer/innenberufs

(6) Schulsozialarbeit als kostengünstige sozial-politische Aktivität

(7) Schulsozialarbeit als attraktives Berufsfeld

Kulturbedingte Erscheinungsfor-men von Schulsozialarbeit

(8) Schulsozialarbeit als Bildungshemmnis und Kontrollorgan

(9) Schulsozialarbeit als Markt für Hochschulen

(10) Schulsozialarbeit als Seismograph und Alarmglocke

(11) Schulsozialarbeit als Mittel zur Vermeidung von Unterricht

(12) Schulsozialarbeit als Korrektiv schulisch induzierter Probleme

(13) Schulsozialarbeit als corporate identity von Schule

(14) Schulsozialarbeit als neues Bündnis der Generationen

© Baier/Heeg

Abbildung 4: Kulturphänomenologische Analyse von Schulsozialarbeit

(1) Schulsozialarbeit als soziale Innovation

Im neueren sozialwissenschaftlichen Diskurs werden Veränderungen von Regeln, Verfahren und Praxisformen im Sozialen zunehmend als „soziale Innovation" bezeichnet (vgl. z.b. Howaldt/Jacobsen 2010; Gillwald 2000). Praxis ist dann sozial innovativ, wenn sie sich von der vorigen Praxis unterscheidet und das Soziale auf eine *neue* Weise gestaltet wird, also nicht einfach zu einer altbekannten Verfahrensweise zurückgekehrt wird, weil sich z.B. Verfahren und Praxisformen der Gegenwart nicht bewährt haben. Der Begriff der sozialen Innovation beinhaltet kein Urteil darüber, ob das Neue auch besser, angemessener,

50

erfolgreicher ist als das Alte. Soziale Innovationen können unterschiedlich umfangreich sein und unterschiedliche Reichweiten haben.

Die Einführung von Schulsozialarbeit kann als soziale Innovation verstanden werden, denn dadurch wird es möglich, mit bestimmten Herausforderungen, Problemen, Aufgaben und Fragen auf eine neue Weise umzugehen. Das Spektrum an Themen, die von der Schulsozialarbeit bearbeitet werden (vgl. Kap. 2.2.1.1), verdeutlicht die Reichweite der sozialen Innovation Schulsozialarbeit. Auch aus den Aussagen der befragten Lehrkräfte wird deutlich, dass Schulsozialarbeit sozial innovativ ist: In den quantitativen Befragungen gaben 49,1% der Lehrkräfte an, dass die Schulsozialarbeit in ihrer Schule Aufgaben bearbeitet, die vor der Einführung von Schulsozialarbeit nicht bearbeitet wurden. An mehreren Evaluationsstandorten wird die Schulsozialarbeit zudem aktiv in Prozesse der Schulentwicklung eingebunden. Dabei übernimmt die Schulsozialarbeit in schulischen Gremien in der Regel eine beraterische Funktion und bringt vor dem Hintergrund der eigenen Fachlichkeit ergänzende Perspektiven und Ideen mit ein. Durch die Mitarbeit der Schulsozialarbeit werden vormals rein schulisch organisierte Prozesse neu reflektiert und gestaltet. Schulsozialarbeit als soziale Innovation erweitert somit das Spektrum dessen, was im Kontext Schule thematisiert, reflektiert und bearbeitet werden kann.

Das Erscheinungsbild von Schulsozialarbeit als soziale Innovation geht vielfach auf die Strategie von Schule zurück, sich selbst nicht mehr nur als *lehrende*, sondern auch als *lernende* Institution zu verstehen. Schulen als lernende Organisationen wollen von sich selbst und anderen lernen, wie sie ihre Arbeit in qualitativer Hinsicht verbessern können und sind offen für gesellschaftliche und fachliche Entwicklungen.

Schulsozialarbeit kann jedoch nicht nur in Bezug auf Schule als soziale Innovation verstanden werden. Schulsozialarbeit als niederschwellige Dienstleistung am Ort der Schule verändert ein ganzes lokales Unterstützungs- und Hilfesystem und schließt eine Versorgungs- bzw. Angebotslücke im Bereich sozialer Dienstleistungen. Somit kann Schulsozialarbeit als soziale Innovation des Kinder- und Jugendhilfesystems verstanden werden, das sich über die Schulsozialarbeit ausdifferenziert und bedarfsgerecht optimiert. Dahinter steht die gesamtgesellschaftliche Strategie, öffentliche Verantwortung für das Aufwachsen von Kindern und Jugendlichen zu übernehmen. Es wird damit eine Kultur etabliert und gepflegt, innerhalb derer Lebensprobleme von Kindern und Jugendlichen nicht rein privater Verantwortung überlassen werden, sondern – wenn notwendig – zusätzliche Unterstützung angeboten wird.

Auch die Rückmeldungen von Kindern und Jugendlichen zum Angebot der Schulsozialarbeit zeigen, dass sie über die Schulsozialarbeit neue und erweiterte

Optionen zur Lebensbewältigung erhalten und dass sie diese in ihre Strategien der Lebensbewältigung einbinden.

(2)   *Schulsozialarbeit als Konservierungsmittel*

Schulsozialarbeit kann nicht nur in innovative, sondern auch in konservative Strategien von Schule eingebunden werden (vgl. ausführlich dazu Baier 2007, S. 129 ff.). Konservativ ausgerichtete Schulen sind im Vergleich zu innovativen Schulen eher darauf konzentriert, eine gewohnte Ordnung aufrechtzuerhalten oder wiederherzustellen. Gesellschaftliche Veränderungen außerhalb der Schule werden von konservativen Schulen eher als Irritation oder Störung wahrgenommen. Konservative Schulen binden Schulsozialarbeit daher in Strategien und Verfahren ein, die daraus hinauslaufen, die gewohnten Abläufe zu schützen oder – wenn diese bereits gestört wurden – wiederherzustellen. Dies gibt der Schulsozialarbeit an konservativen Schulen ein anderes Erscheinungsbild als an innovativen Schulen.

Werden mit der Schulsozialarbeit konservative Strategien verbunden, fallen oftmals Begriffe wie „Kerngeschäft Unterricht", das durch die Einführung von Schulsozialarbeit wieder gewährleistet werden soll, es ist die Rede von „schwierigen Schülern", die den Unterricht verunmöglichen und die „Entlastung von Lehrkräften" ist eine zentrale Erwartung, die an die Schulsozialarbeit gerichtet wird.

Der Unterschied zwischen konservativ ausgerichteten und innovativen Schulen besteht darin, dass konservative Schulen das „Kerngeschäft Unterricht" als Ziel jeglicher Aktivitäten ansehen, das es trotz Störungen durchzuführen und zu gewährleisten gilt. Innovative Schulen nehmen demgegenüber nicht eine *Tätigkeit* (Unterrichten), sondern ein *Vorhaben* zum Ausgangspunkt ihrer Überlegungen und Praxisgestaltungen und verstehen eher 'Bildung und positive Entwicklung für Kinder und Jugendliche' als ihr Kerngeschäft.

Von konservativ ausgerichteten Schulen wird Schulsozialarbeit strategisch als 'Konservierungsmittel' eingesetzt, damit sich Schule trotz veränderter Kontexte nicht ändern muss. Störungen von Schule und Unterricht führen in konservativen Schulen nicht zu internen Prozessen kooperativer Organisationsentwicklung, sondern vielmehr zur Klage über schwieriger werdende Bedingungen des Unterrichtens. Konservative Schulen wollen Probleme an die Schulsozialarbeit delegieren können und erwarten von der Schulsozialarbeit, dass diese Störungen eigenständig bearbeitet werden, ohne dass die Schule davon weiter beeinträchtigt wird.

52

Die Kategorien „konservativ" und „innovativ" sind idealtypische Unterscheidungen, die in der Praxis nicht in Reinform auftreten. Selten folgen Schulen diesen idealtypischen Orientierungen vollständig. Darüber hinaus haben auch Lehrkräfte ihre eigenen Orientierungen. Somit kann es durchaus vorkommen, dass innerhalb eines Kollegiums einige Lehrkräfte innovativ ausgerichtet sind, andere konservativ. Unterschiedlich orientierte Lehrkräfte möchten dann die Schulsozialarbeit für verschiedene Zwecke nutzen, woraus widersprüchliche Prozesse entstehen können.

Im Rahmen der Evaluationen von Schulsozialarbeit lassen sich weitere Befunde auf unterschiedliche schulische Strategien zurückführen. So dokumentierten die Schulsozialarbeitenden im Rahmen der Evaluationen stets, aus welchen Klassenstufen Schülerinnen und Schüler zur Schulsozialarbeit kamen. Folgende zwei Übersichten zeigen, dass dies im Vergleich von Schulen durchaus unterschiedlich sein kann:

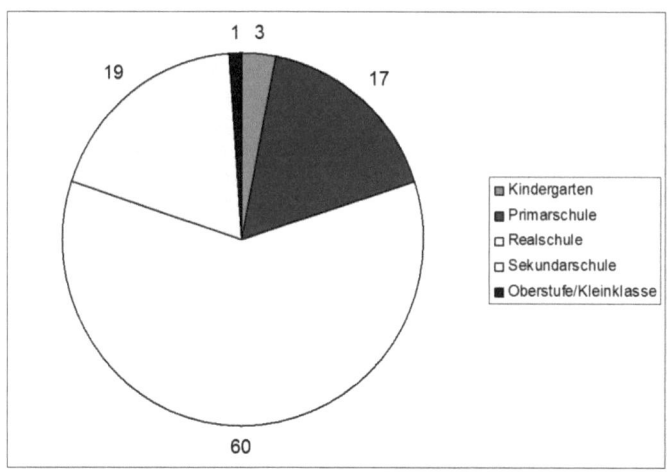

Abbildung 5:   Beispiel 1: Schulstufenzugehörigkeit und Anzahl an Beratungsfällen

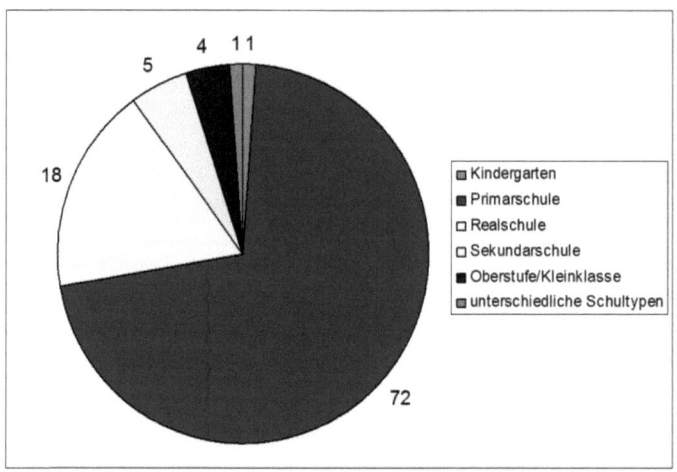

Abbildung 6: Beispiel 2: Schulstufenzugehörigkeit und Anzahl an Beratungsfällen

Die Daten für die Schule im Beispiel 1 zeigen, dass 60 Schülerinnen und Schüler, die bei der Schulsozialarbeit in einer Beratungssituation waren, aus der Realschule stammen.[11] Nur 17% der Beratenen besuchten die Primarschule, obwohl die Primarschüler/innen mehr als 40% der Gesamtzahl an Schüler/innen ausmachte. In der Schule im Beispiel 2 kam die Mehrzahl der Schülerinnen und Schüler hingegen aus der Primarschule (72). Das Verhältnis in Beispiel 2 repräsentiert die Gesamtverteilung der verschiedenen Altersgruppen an der Schule. Knapp zwei Drittel der Schülerinnen und Schüler besuchen dort die Klassen der Primarschule.

Obwohl die Schulsozialarbeit an beiden Schulen konzeptionell und strukturell ähnlich ausgerichtet war, wurden im Laufe des Evaluationszeitraums die verschiedenen Altersgruppen unterschiedlich gewichtet. Diese unterschiedlichen Nutzungsprofile können verschiedene Ursachen haben und z.B. einfach aus unterschiedlichen Bedarfslagen der Schülerinnen und Schüler resultieren. Vor dem Hintergrund der qualitativen Forschungen werden jedoch weitere Interpretationen möglich: Die Schule 2 ist von einer innovativen Schulstrategie geprägt: Schule und Schulsozialarbeit verfolgen gemeinsam das Ziel, Kindern schon frühzeitig niederschwellige Hilfe anzubieten und die Entwicklung sozialer Kompetenzen zu fördern, bevor es zu größeren Problemen kommt. Die Förderung

---

[11] Realschule = Sekundarstufe 1, niedrigstes Anforderungsniveau

sozialer Kompetenzen durch die Schulsozialarbeit wurde vor diesem Hintergrund in das Vorhaben von Schule, Kindern und Jugendlichen bestmögliche Entwicklungsbedingungen zukommen zu lassen, integriert.

In der Schule 1 wurde die Schulsozialarbeit eher dafür genutzt, dass Lehrkräfte auffällige oder störende Schülerinnen und Schüler zur Schulsozialarbeit verweisen konnten. Diese aus Sicht der Lehrkräfte „schwierigen Schüler/innen" waren eher an der Realschule vorhanden als auf der Primarstufe.

Die Gegenüberstellung der beiden Nutzungsprofile verdeutlicht den Einfluss, den schulische Strategien auf das Erscheinungsbild von Schulsozialarbeit haben. Allerdings kann Schulsozialarbeit als Konservierungsmittel nicht nur auf politisch oder pädagogisch konservative Strategien von Lehrkräften zurückgeführt werden. Die Schule 1 war als Institution im Zeitraum der Evaluation von vielfältigen personellen, strukturellen sowie baulichen Veränderungen betroffen. Die Konservierungsfunktion von Schulsozialarbeit kann somit jenseits politisch-pädagogischer Einstellungen der Lehrkräfte auch dazu genutzt werden, um Unterricht unter erschwerten schulischen Rahmenbedingungen aufrecht zu erhalten.

(3) Schulsozialarbeit als Auffangnetz

Schulsozialarbeit erscheint den Nutzerinnen und Nutzern vielfach als Auffangnetz und Absicherung für Probleme, die alleine nicht bewältigt werden können. Die Metapher von Schulsozialarbeit als Auffangnetz eignet sich, um eine bestimmte Qualität von Schulsozialarbeit zu veranschaulichen: Wenn Schulsozialarbeit ein Auffangnetz darstellt und Schülerinnen und Schüler sowie Lehrkräfte in analoger Metaphorik die Tänzerinnen und Tänzer auf dem Seil sozialer Wirklichkeit sind, so wird deutlich, dass Schulsozialarbeit nicht erst dann wertvoll ist, wenn jemand in das Auffangnetz hinein fällt. Bereits die Existenz eines Auffangnetzes ist eine wohltuende Sicherheitsmaßnahme und Grundlage einer gelingenden Performance. Sie ermöglicht es den Seiltänzer/innen, ihre Konzentration voll und ganz auf den Balanceakt zu richten, ohne dabei zu sehr durch die Angst vor einem Absturz abgelenkt zu werden. Auffangnetze verbürgen somit Qualitäten jenseits einer direkten Nutzung. Oder anders formuliert: Sie wirken, ohne dass sie direkt in Anspruch genommen werden. Folgende Zitate von Schülerinnen und Schülern dokumentieren, dass der Schulsozialarbeit eine positive Bedeutung zugeschrieben wird, obwohl sie noch gar nicht in Anspruch genommen wurde:

„Die Schulsozialarbeit ist sehr hilfreich. Da ich noch sehr jung bin, habe ich nicht so viele Probleme. Wenn ich welche hätte würde ich sofort mit dem Schulsozialarbeiter darüber reden!!! ☺"

„Ich finde es gut, dass der Schulsozialarbeiter an meiner Schule ist. Obwohl ich seine Dienste noch nie beansprucht habe".
„Ich finde die Schulsozialarbeit eine supergute Sache, obwohl ich noch nie dort war".

Auch von Lehrkräften werden diese Funktion und der damit einhergehende Nutzen beschrieben:

„Schon nur das Wissen, dass in schwierigen Situationen Hilfe nahe ist, ist für Schüler, Eltern und Lehrpersonen sehr entlastend und hat positive Wirkung auf den gesamten Schulbetrieb".

Schulsozialarbeit kann somit allein schon durch die Möglichkeit einer Nutzung Wohlbefinden fördern.[12] Allerdings ist die Schulsozialarbeit auch dazu herausgefordert, im Ernstfall die nötige und erhoffte Qualität zu bieten. Gelingt dies nicht, so wird die Schulsozialarbeit genauso als nutzlos und enttäuschend bewertet wie ein Auffangnetz, das einen Sturz nicht genügend absichern kann. Zwei Aussagen von Schüler/innen verdeutlichen dieses Urteil:

„Tut mir Leid, aber ich finde die Sozialarbeit überflüssig, und helfen tut sie auch nicht. Dazu ist noch zu sagen ich war schon mehrmals bei der Sozialarbeit!"
„OK! Ich kann nur sagen ihre Klassen-„Hilfe" hat nichts genutzt! Also lassen sie es lieber!!"

Schulsozialarbeit erscheint nur für diejenigen Schülerinnen und Schüler als Auffangnetz, die von ihrem Selbstverständnis her eine solche Absicherung benötigen. Es gab durchaus Rückmeldungen von Schülerinnen und Schülern, die ihr Leben metaphorisch gesprochen nicht als Hochseiltakt ansehen oder andere Formen der Absicherung haben. Folgende Aussagen von Schülerinnen und Schüler dokumentieren diesen Befund:

„Mir hat es vor allem in der 6. Klasse geholfen. Jetzt bin ich eigentlich genug alt um die Probleme selbst zu lösen".
„Ich denke, die Schulsozialarbeit macht das recht gut nur mir bringt es nichts. Wenn ich Probleme habe, regle ich es auf meine Art und selbständig. Ich brauche keine Beratung von der Schulsozialarbeit. Ich teile meine Probleme mit niemandem".
„Sie ist gut. Ich brauche sie zwar nie, aber andere Kinder haben es nötig, Ich brauche niemand wo mir hilft. Ich helfe mir selber".
„Ich persönlich brauche keinen Schulsozialarbeiter aber für die, die ihn benötigen ist er sicher von Vorteil".

---

[12] Dieser Effekt wird in Kapitel 5.3 als "Spread-Effekt" weiter beschrieben.

„Wenn man wirklich ein Problem hat, dann kann man zur Schulsozialarbeit gehen. Ich würde das aber nicht tun".

(4)   Schulsozialarbeit als Mensch gewordener Rohrstock

Ethische Reflexionen pädagogischer Praxis haben in der Geschichte der Schule
immer wieder zu Veränderungen geführt. War beispielsweise der Rohrstock vor
nicht allzu langer Zeit noch fester Bestandteil des Klassenrauminventars (vgl.
Matthias 1977), so wird es heute aufgrund ethischer Reflexionen nicht mehr
akzeptiert, Kinder und Jugendliche in der Schule zu schlagen. Mehr noch: Die
Schule hat durch die UN-Kinderrechtskonvention heute den Auftrag, Schülerinnen und Schüler vor Gewalt zu schützen. In historischer Perspektive stellt das
Verbot des Rohrstocks – bzw. der körperlichen Gewaltausübung jeglicher Art –
die Schule jedoch vor ein Problem, denn die Lehrkräfte mussten ihren Rohrstock
abgeben, ohne dass die Kinder und Jugendlichen ihr Verhalten änderten. Die
Anlässe, die vormals zum Einsatz des Rohrstocks führten, ereigneten sich wei-
terhin und die Schule musste neue Wege finden, damit umzugehen. Wie die
Schule ihre Verfahren zum Umgang mit unerwünschten Verhaltensweisen von
Schülerinnen und Schülern weiterentwickelte, wird heute in Buchtiteln wie z.B.
„Disziplinmanagement in der Schulklasse" (vgl. Keller 2010) deutlich.

In den Evaluationen hat sich gezeigt, dass Schulen die Schulsozialarbeit
auch nutzen, um mit unerwünschtem Verhalten der Schülerinnen und Schüler
umzugehen. So wurden an allen evaluierten Standorten Schülerinnen und Schüler von den Lehrkräften aufgrund ihres Sozialverhaltens zur Schulsozialarbeit
geschickt. Folgende Zitate verdeutlichen, wie solche Funktionalisierungen von
Schulsozialarbeit von Schüler/innen verstanden werden können (vgl. dazu auch
Kap. 4.5):

„Ich war ein paar Mal beim Schulsozialarbeiter (man hatte mich hingeschickt).
Er hat bloß total klischeehafte Ratschläge gegeben & einen absolut unangebrachten Vorschlag gebracht ...weiter will ich nicht drauf eingehen...".
Was sollte sich ändern? „Dass man nicht gezwungen wird, dahin zu gehen".
Was sollte sich ändern? „Das man dorthin geschikt werden muss und nicht freiwillig gehen kan. Denn ich persönlich vertraue der Schulsozialarbeit nicht und
niemand kan mir helfen, dem ich nicht vertraue".

Diese Schülerinnen und Schüler sind nicht aus eigener Motivation an die Schulsozialarbeit herangetreten. Sie sehen für sich selbst auch gar keinen Hilfebedarf,
der durch die Schulsozialarbeit gedeckt werden soll. Selbst gut gemeinte Äußerungen der Schulsozialarbeit werden seitens der Schülerinnen und Schüler dann
nicht als Hilfe verstanden, weil sie auf keinen Bedarf treffen. Die Schulsozialar-

beit kann für diese Schülerinnen und Schüler gar keine Hilfe leisten, sondern allenfalls für die zuweisende Lehrkraft, beispielsweise dadurch, dass störende Schülerinnen und Schüler (zumindest momentan) aus dem Unterricht entfernt sind, dass die Schulsozialarbeit Abklärungen und Absprachen mit Schulleitungen und Eltern trifft oder dass sie mit Sanktionen droht und diese durchsetzt. Binden Schulen die Schulsozialarbeit auf diese Weise in ihre Strategien des „Disziplinmanagements" ein, so unterscheidet sich das Erscheinungsbild für die betroffenen Schülerinnen und Schüler deutlich von einer Schulsozialarbeit als Auffangnetz.

Professionelle Schulsozialarbeit ist im Spannungsfeld unterschiedlicher Funktionalisierungen dazu herausgefordert, zu reflektieren, wer welche Strategien mit der Schulsozialarbeit verbindet, welche Erscheinungen daraus für wen resultieren und wer welchen Hilfebedarf hat, um sich in Bezug auf einen Einzelfall selbst positionieren zu können.

(5) Schulsozialarbeit als Mittel zur Professionalisierung
des Lehrer/innenberufs

Die Entwicklung von nicht-professionellen Berufen hin zu Professionen ist durch verschiedene Merkmale gekennzeichnet (vgl. Abbott 1988). Professionalisierungsprozesse sind z.b. daran erkennbar, dass das abstrakte Wissen, das den Berufstätigen zur Verfügung steht, zunimmt und dass Arbeitsprozesse differenzierter organisiert werden. Professionalisierungsprozesse im Kontext von Schulen zeigen sich z.B. darin, dass das Fachwissen zur Didaktik umfangreicher wird. Die Ausdifferenzierung der Arbeitsbereiche hatte z.B. zur Folge, dass nicht mehr ein Dorflehrer alle Fächer unterrichtet, sondern dass Lehrkräfte heute auf bestimmte Inhalte spezialisiert sind. Zudem kennzeichnen sich Professionen dadurch aus, dass die Professionellen innerhalb ihres Zuständigkeitsbereiches nicht mehr jede Tätigkeit selbst erledigen, sondern bestimmte Aufgaben delegieren. So muss z.B. der Chefarzt im Krankenhaus nicht jede Tätigkeit (z.B. die Essensversorgung der Patienten) selbst übernehmen, sondern gibt Aufgaben, die seine Professionalität nicht erfordern, an andere Personen ab. Diese unterliegen jedoch den Vorstellungen, Anweisungen und der Kontrolle der leitenden Fachdisziplin und Profession. Professionalisierungsprozesse sind demnach durch Delegationen von Aufgaben und damit verbundene Hierarchien gekennzeichnet.

Übertragen auf Professionalisierungsprozesse von Lehrkräften und ihr Verhältnis zur Schulsozialarbeit kann die Entstehung von Schulsozialarbeit auch als professionalisierungsbedingte Ausdifferenzierung von Schule gelesen werden. Lehrkräfte delegieren im Prozess ihrer Professionalisierung bestimmte Aufgaben, damit sie sich auf ihre anspruchsvoller gewordenen Kernaufgaben konzentrieren können.

Für Professionalisierungsprozesse von Lehrkräften zeichnen sich zwei verschiedene Wege ab: Entweder kann die Institution Schule für andere *Professionen* geöffnet werden, die gleichberechtigt mit den Lehrkräfte die *Schule als multiprofessionelle Institution* je eigenständig, jedoch in gemeinsamer Kooperation gestalten. Zum anderen kann Schule im Professionalisierungsprozess der Lehrkräfte für andere *Praktiker/innen* geöffnet werden. In diesem Fall bleiben die Lehrkräfte die einzigen Professionellen im Schulhaus. Die Schule gibt Zuständigkeiten und Arbeitsprozesse der Schulsozialarbeit vor und kontrolliert die Arbeit der Schulsozialarbeit anhand schulischer Kriterien. Die Schulsozialarbeit kann in solchen Fällen keine eigene Professionalität entfalten, da sie ihre Zuständigkeiten nicht selbst definieren und ihre Aufgaben nicht entlang eigener Kriterien gestalten und überprüfen kann (vgl. Andresen/Baier 2005). Je nachdem also, auf welche Weise sich Lehrkräfte professionalisieren wollen, hat dies Konsequenzen für das Verhältnis zu und das Erscheinungsbildung von anderen Berufsgruppen in der Institution Schule. Ein Zitat einer Lehrkraft beschreibt eine solche Ausdifferenzierung von Schule:

„Schulsozialarbeit ist eine wichtige und unverzichtbare Einrichtung an einer modernen Schule. Sie entlastet die Lehrpersonen in wichtigen Angelegenheiten (als Triage-Stelle beispielsweise), die Lehrperson kann sich so wieder vermehrt ihrer eigentlichen Tätigkeit widmen: Lehren".

In diesem Zitat wird zwar nicht abschließend deutlich, in welchem Verhältnis Schule und Schulsozialarbeit in diesem Fall zueinander stehen. Es veranschaulicht jedoch, dass sich Schule ausdifferenziert und das Lehren zur zentralen Zuständigkeit der Lehrkräfte erklärt wird.

Bindet die Schule die Schulsozialarbeit in Strategien zur Professionalisierung der Lehrkräfte ein, so kann dies zu Konflikten führen. Insbesondere wenn die Lehrkräfte die einzige Profession in der Schule bleiben wollen und Schule nicht als multiprofessionelle Institution verstehen, ist die Zusammenarbeit von Schule und Schulsozialarbeit häufig durch Konflikte geprägt. Die Schule will die Schulsozialarbeit dann eher als Lehrkraftentlastungsdienst und Vehikel für eigene Professionalisierungsprozesse nutzen und sie nicht als eigenständige Profession in den Schulalltag einbinden. Auf schulischer Seite besteht somit der Anspruch, die Schulsozialarbeit für sich selbst zu funktionalisieren und somit die Praxis der Schulsozialarbeit vorzugeben und zu kontrollieren. Trifft eine solche Strategie von Schule auf Schulsozialarbeitende, die sich als eigenständige Professionelle verstehen, so resultieren daraus intensive und oft konfliktreiche Definitions- und Aushandlungsprozesse, in denen es im Kern um professionelle Selbstbilder, Zuständigkeitsansprüche und Handlungsautonomie geht.

(6)   Schulsozialarbeit als kostengünstige sozialpolitische Aktivität

Vor dem Hintergrund knapper werdender öffentlicher Mittel und Einsparungen im Bereich der Sozialleistungen mag es auf den ersten Blick verwundern, dass Schulsozialarbeit in den letzten 20 Jahren in immer mehr Städten und Gemeinden eingeführt wurde. Wird der Blick auf die Ökonomie sozialer Dienstleistungen erweitert, so werden dahinterliegende Strategien deutlicher. So errechnete Landert bereits im Jahr 2002 für die Schulsozialarbeit im Kanton Zürich, dass ca. 69% der Kosten, die für die Schulsozialarbeit aufgewandt werden, an anderen Orten des Hilfesystems durch die Einführung der Schulsozialarbeit wieder eingespart werden (vgl. Landert 2002, S. 21). Insbesondere reduzierten sich durch die Einführung von Schulsozialarbeit kostenintensive Maßnahmen in den Bereichen „Medizin, Justiz oder Sonderschulung und Heimplatzierung" (vgl. ebd. S. 22).

Das Wissen um diese Zusammenhänge verbreitete sich in der Schweiz und wurde z.b. auch im „Antrag des Stadtrates Luzern zur definitiven Einführung von Schulsozialarbeit" (vgl. Stadt Luzern 2007, S. 20 f.) als Argumentation für die Einführung von Schulsozialarbeit herangezogen.

Aus kulturphänomenologischer Perspektive bedeutet dies, dass Schulsozialarbeit zunehmend in immer mehr Städten und Gemeinden eingeführt wird, weil sie gleichzeitig in ökonomische Strategien zur effektiveren Verwendung finanzieller Mittel eingebunden wird. Mit diesen ökonomischen Strategien gehen Überlebensstrategien politisch Verantwortlicher (einzelner Politiker/innen oder Parteien) einher, die auf Herausforderungen wie z.B. Jugendgewalt und Drogenmissbrauch, die auch öffentlich diskutiert werden, reagieren müssen, um Handlungsfähigkeit und Kompetenz zu demonstrieren.

Ökonomische Strategien können das Erscheinungsbild von Schulsozialarbeit noch auf weitere Weise prägen. So sind im schweizerischen Vergleich die Anstellungsbedingungen der Schulsozialarbeitenden hinsichtlich des Lohns, des Stellenumfangs sowie der zur Verfügung stehenden Rahmenbedingungen und Infrastruktur nicht einheitlich. Diese Unterschiede sind nicht immer über den zu deckenden Bedarf begründet, sondern auch durch finanzielle Überlegungen bedingt. So gibt es Standorte von Schulsozialarbeit, an denen die Schulsozialarbeitenden weniger Lohn erhalten, ein geringeres Stellenpensum haben und schlechtere Rahmenbedingungen vorfinden, als dies an anderen Orten der Fall ist. Häufig hat dies zur Folge, dass die Schulsozialarbeitenden unzufrieden sind. Hoch qualifizierte Schulsozialarbeitende tendieren dann dazu, die Arbeitsstelle zu wechseln, um unter besseren Voraussetzungen arbeiten zu können und sich ihren 'Marktwert' angemessen bezahlen zu lassen. Standorte, die der Schulsozialarbeit vergleichsweise geringe Ressourcen zur Verfügung stellen, stehen damit vor dem Problem, dass sie entweder kein geeignetes Personal finden oder gut qualifiziertes Personal wieder abwandert. Ökonomische Strategien, die darauf hinauslaufen, nicht nur durch die Schulsozialarbeit an anderen Stellen einzusparen, sondern auch möglichst wenig in die Schulsozialarbeit zu investieren, resultieren daher häufig in Erscheinungsformen von Schulsozialarbeit, die durch Stellenwechsel und Unzufriedenheit der Beteiligten gekennzeichnet sind.

Nicht nur die Schulsozialarbeitenden selbst, sondern auch Lehrkräfte sowie Schülerinnen und Schüler sind mit mangelhaft ausgestatteter Schulsozialarbeit unzufrieden, weil diese den Bedarf nicht decken kann. Fraglich ist dann nur, woran dieses Unbehagen festgemacht wird. Während die Schulsozialarbeit die mangelhaften Rahmenbedingungen für ihre begrenzte Praxis verantwortlich macht, sehen Lehrkräfte, Schülerinnen und Schüler, politisch Verantwortliche sowie Eltern möglicherweise nur eine nicht angemessen arbeitende Schulsozialarbeit und machen diese für den ausbleibenden Erfolg verantwortlich.

In den Evaluationen hat sich gezeigt, dass dort, wo die Schulsozialarbeit angemessene Rahmenbedingungen vorfindet, fachlich angemessen und erfolgreich gearbeitet wird. Darüber hinaus symbolisieren angemessene Rahmenbedingungen auch eine Anerkennung und Wertschätzung der Schulsozialarbeit. Sie drücken zudem aus, dass Lebensrealitäten von Kindern und Jugendlichen ernst genommen und anerkannt werden. In Praxisformen, die durch gegenseitige Anerkennung geprägt sind, kommt es zu weniger Dysfunktionalitäten, und kooperative Lösungsfindungen werden erleichtert (vgl. Bolay 2010).

(7)   Schulsozialarbeit als attraktives Berufsfeld

Im Rahmen kulturphänomenologischer Analysen wird gesamthaft der Frage nachgegangen, wer welche Strategien mit der Schulsozialarbeit verbindet, um darauf aufbauend Erscheinungsformen von Schulsozialarbeit differenzierter beschreiben und verstehen zu können. Vor diesem Hintergrund ist auch die zunächst selbstverständlich anmutende Feststellung von Relevanz, dass auch die Schulsozialarbeitenden selbst bestimmte Strategien mit der Schulsozialarbeit verbinden und dadurch ihre Erscheinungsformen und -weisen mit prägen.

Schulsozialarbeit ist zunächst in die Strategie der Schulsozialarbeitenden eingebettet, über die Berufsausübung in diesem Handlungsfeld die eigene Existenz zu sichern. Wäre dies nicht der Fall, würde die Schulsozialarbeit wohl lediglich als Diskurskonstrukt im Fachdiskurs, jedoch nicht als soziale Praxis oder Institution in Erscheinung treten.

Doch bereits an diesem Punkt sind Unterschiede zu erkennen, denn Personen, die ihre Strategien der Existenzsicherung mit der Schulsozialarbeit verbinden bzw. verbinden wollen, sind unterschiedlich qualifiziert. So kennzeichnet sich das Handlungsfeld der Schulsozialarbeit auch dadurch, dass neben Fachpersonen aus der Sozialen Arbeit auch anders qualifizierte Personen, insbesondere auch Lehrkräfte, ihre Strategien der Existenzsicherung mit der Schulsozialarbeit verknüpfen (wollen) und in diesem Handlungsfeld beruflich tätig werden wollen. Wem es gelingt, seine eigene Strategie der Existenzsicherung mit der Schulsozialarbeit zu verknüpfen, prägt damit auch die Erscheinungsform von Schulsozialarbeit.

Da auch Personen, die keine berufliche Qualifikation in der Sozialen Arbeit haben, als Schulsozialarbeitende tätig sind, verwundert es nicht, dass in der Szene der Schulsozialarbeit umfangreich diskutiert wird, wer mit welchem Qualifikationsniveau und welcher beruflichen Herkunft der Schulsozialarbeit welches Erscheinungsbild verleiht. Oder anders ausgedrückt: Es wird der Frage nachgegangen, welche Voraussetzungen gegeben sein müssen, damit die Schulsozialarbeit und die darin Tätigen als professionell erscheinen.

Die formalen Qualifikationen der Praktiker/innen sind jedoch nur ein Faktor, der die Erscheinungsformen von Schulsozialarbeit mitbestimmt. Jenseits formaler Qualifikationen wird die Praxis von Schulsozialarbeit von individuellen Präferenzen der Schulsozialarbeitenden für bestimmte Arbeitsweisen geprägt. So kommt es vor, dass an einem Standort vorrangig systemische Beratung geleistet wird, an einem anderen Standort hingegen umfangreiche theaterpädagogische Projekte in Klassen durchgeführt werden. Dies ist möglich, weil das Handlungsfeld Schulsozialarbeit offen für eine Vielzahl an Methoden und Arbeitstechniken ist und Arbeitsaufgaben und Herausforderungen oft auf ganz unterschiedliche Art und Weise bearbeitet werden können. Schulsozialarbeitende prägen somit über ihre Qualifikationen, ihr Wissen sowie ihre Kompetenzen und Präferenzen das Erscheinungsbild von Schulsozialarbeit.

(8) Schulsozialarbeit als Bildungshemmnis und Kontrollorgan

Es gehört zum Selbstverständnis der Kritischen Erziehungswissenschaft sowie Kritischer Sozialer Arbeit, zu reflektieren, ob die eigene Praxis nicht auch den selbst angestrebten Zielen zuwider läuft. Soziale Arbeit hat in ihrer Geschichte immer wieder erleben müssen, dass sie zweckentfremdet wurde, mit Aufgaben betraut wurde, die ihren eigentlichen Zielen widersprachen und trotz bestem Willen und engagierter Praxis keine Erfolge erreichen konnte (vgl. Hering/Münchmeier 2000). Für die Schulsozialarbeit in Deutschland wurde in diesem Kontext z.B. auch die Erscheinungsform von Schulsozialarbeit als „Stabilisieren von Elend" aufgezeigt (vgl. Baier 2007).

In den Evaluationen von Schulsozialarbeit in der Schweiz haben sich einige Momente von Praxis gezeigt, die vor dem Hintergrund fachlicher Überlegungen und übergreifender Ziele kritisch zu beurteilen sind.

Gemäß fachlichen Entwicklungen soll eine zeitgemäße Schulsozialarbeit zur positiven Entwicklung der Persönlichkeit von Kindern und Jugendlichen beitragen. In diesem Kontext wurde in den letzten Jahren immer wieder daran erinnert, dass dies das eigentliche Ziel einer ganzheitlich verstandenen Bildung ist und Schulsozialarbeit somit im Kern einen Bildungsauftrag hat (vgl. hierzu ausführlich: Baier/Deinet 2011). Während im Laufe der letzten Jahrhunderte der Bildungsbegriff immer mehr auf schulischen Unterricht und die Aneignung formaler Sachinhalte verkürzt wurde, verstand Humboldt unter Bildung noch die „Verknüpfung unseres Ichs mit der Welt zu der allgemeinsten, regesten und freiesten Wechselwirkung" (vgl. Humboldt 1903, S. 94). Ein solches ganzheitliches Bildungsverständnis wurde in den letzten Jahren in der Sozialen Arbeit aufgenommen und für die Praxis mit Kindern und Jugendlichen konkretisiert.

Vor dem Hintergrund bildungstheoretischer Überlegungen zeigen sich in den Befunden aus den Evaluationen von Schulsozialarbeit Praxiselemente, die der Entwicklung von Persönlichkeit in freier Wechselwirkung zwischen Subjekt und Welt entgegenlaufen. So gab es z.B. kritische Rückmeldungen von Schülerinnen und Schülern, die die Schulsozialarbeit als unerwünschte Einmischung in ihre Lebenswelt verstanden. Folgende Antworten formulierten Schülerinnen und Schüler auf die Frage, was sich an der Schulsozialarbeit ändern sollte:

„Das sie sich nicht in die Probleme einmischen und kontrollieren! Sie sollte sich da raus halten, es ist nicht ihr Problem!"
„Das man nicht wegen dem kleinsten schon zur Beraterin muss".
„Sie sollte weniger stressen!"
„Die Tipps sind manchmal unreal (nicht zu gebrauchen heute). Man würde so nichts erreichen, also mehr mit der Zeit gehen und das Verhalten der Schüler mehr studieren".
„Sie sollte sich nicht mit familien Problemen rein mischt".
„Vielleicht mehr die Probleme aus der Sicht der Jugendlichen betrachten".

Bildungstheoretisch lassen sich diese Zitate so interpretieren, dass die Aktivitäten der Schulsozialarbeit eine freie und rege Wechselwirkung der Kinder mit ihrer Umwelt einschränkten. Schulsozialarbeit greift in diesen Fällen in die freie Wechselwirkung der Kinder und Jugendlichen mit ihrer Umwelt ein und nimmt ihnen damit eventuell die Möglichkeit, sich mit ihrer Lebenswirklichkeit auf eigenständige Weise auseinanderzusetzen und sich dadurch weiterzuentwickeln. Mischt sich Schulsozialarbeit z.B. aktiv in Konflikte auf dem Pausenhof ein, so wird damit nicht nur ein Konflikt durch Intervention beendet. Den Schülerinnen und Schülern wird damit auch die Möglichkeit genommen, sich an einem Problem abzuarbeiten und selbst zu entscheiden, wann sie dafür Hilfe in Anspruch nehmen wollen. In der Kritischen Sozialen Arbeit wird dies mit Bezug auf Habermas als „Kolonisierung der Lebenswelten" von Kindern und Jugendlichen diskutiert (vgl. z.b. Staub-Bernasconi 2007, S. 145 ff.; Küster/Thole 2004; Bommes/Scherr 2000, S. 51 ff.).

Die Herausforderung, die sich einer bildungsorientierten Schulsozialarbeit stellt, wird deutlich, wenn folgendes Zitat den obigen Zitaten gegenübergestellt wird. Ein Schüler formulierte auf die Frage, was sich an der Schulsozialarbeit ändern sollte, die Antwort:

„Mehr hineingreifen – sie sieht vieles nicht".

Hier zeigen sich auf den ersten Blick widersprüchliche Ansprüche, die an die Schulsozialarbeit gestellt werden. In gegenseitigem Bezug zueinander lassen sich die Zitate jedoch auch so interpretieren, dass sich Schülerinnen und Schüler zwar Schutz durch die Schulsozialarbeit wünschen und von ihr dafür auch einen aufmerksamen Blick auf die Lebensrealitäten von Kindern und Jugendlichen einfordern. Führt dies jedoch dazu, dass Kinder und Jugendliche kontrolliert und ihrer persönlichen Freiheit eingeschränkt werden, so stehen sie der Schulsozialarbeit kritisch gegenüber. Der vor diesem Hintergrund formulierten Aussage „Die Schulsozialarbeit will uns nur noch mehr kontrollieren" stimmten die Schülerinnen und Schüler wie folgt zu: „stimmt gar nicht" (55.1%), „stimmt eher nicht" (18.4%), „stimmt eher" (18.4%), „stimmt völlig" (8.1%). Auch in diesen Antworten zeigt sich, dass es eine vergleichsweise kleine Anzahl an Schülerinnen und Schülern gibt, die eine Kontrollfunktion von Schulsozialarbeit hervorheben.

(9) Schulsozialarbeit als Markt für Hochschulen

Auch wissenschaftliche Einrichtungen wie Hochschulen können ihre Überlebensstrategien mit der Schulsozialarbeit verknüpfen. So können Hochschulen die Schulsozialarbeit nicht nur als zunächst zweckfreies Forschungsfeld, sondern auch als Markt wahrnehmen, für den sie Dienstleistungen, Evaluationen, Forschungen sowie Aus- und Weiterbildungen anbieten. Die daraus resultierenden Gewinne tragen zur Finanzierung der Hochschule bei, sichern deren laufenden Betrieb und erfolgreiche Arbeit steigert das Renommee der Hochschule.

Auch die Einbindung der Schulsozialarbeit in hochschulische Strategien kann zu unterschiedlichen Erscheinungsformen von Schulsozialarbeit führen. So werden zum Beispiel in der Weiterbildung je nach Hochschule unterschiedliche Inhalte und Konzepte für die Schulsozialarbeit vermittelt, die, wenn sie von den

Praktikerinnen und Praktikern angewandt werden, der Schulsozialarbeit unterschiedliche Konturen verleihen. Auch kann nicht ausgeschlossen werden, dass Hochschulen, wenn sie mit Evaluationen von Schulsozialarbeit beauftragt sind, unterschiedliche Kriterien heranziehen, um die Praxis der Schulsozialarbeit zu bewerten. Dies wird insbesondere dann deutlich, wenn Schulsozialarbeit von Hochschulen anderer Fachrichtungen evaluiert wird. So kommt es durchaus vor, dass nicht nur Hochschulen für Soziale Arbeit mit Evaluationen von Schulsozialarbeit beauftragt werden, sondern z.B. auch Pädagogische Hochschulen. Während Hochschulen für Soziale Arbeit in Evaluationen in der Regel die Praxis der Schulsozialarbeit sowie deren Nutzen für verschiedene Beteiligte vor dem Hintergrund fachlicher Überlegungen Sozialer Arbeit analysieren, steht in Evaluationen von Seiten Pädagogischer Hochschulen eher der Nutzen von Schulsozialarbeit für die Institution Schule bzw. die Lehrkräfte im Vordergrund. Entsprechend differieren Praxisanalysen und darauf aufbauende Bewertungen und Empfehlungen zur Weiterentwicklung von Praxis, die wiederum reale Konsequenzen für zukünftige Erscheinungsformen von Schulsozialarbeit haben können.

(10) Schulsozialarbeit als Seismograph und Alarmglocke

Kinder und Jugendliche nutzen die Schulsozialarbeit, um konkrete Probleme ihrer Lebensbewältigung zu besprechen und zu lösen. Die Schulsozialarbeit bekommt dadurch ausführliche Einblicke in die Lebenswelten von Schülerinnen und Schülern. Metaphorisch formuliert wird Schulsozialarbeit dadurch zum Seismographen, der Erschütterungen in den Lebenswelten von Kindern und Jugendlichen wahrnimmt.

Diese seismographische Funktion kann von der Schulsozialarbeit sowie der Schule genutzt werden, um Angebote bedarfsgerechter zu gestalten. Das Wissen der Schulsozialarbeit um Lebensrealitäten von Schülerinnen und Schülern wird zu diesem Zweck z. B. in Jahresberichten aufbereitet, um losgelöst von Einzelfällen soziale Wirklichkeiten abzubilden und zum Gegenstand von Organisationsentwicklung zu machen. Schulsozialarbeit leistet insofern einen besonderen Beitrag, um Schule zu den Lebenswelten von Schülerinnen und Schülern hin öffnen zu können.

In der Praxis ist die seismographische Funktion von Schulsozialarbeit mit Unwägbarkeiten verbunden, denn es ist nicht abschließend vorhersagbar, in welche Richtung der Seismograph ausschlägt und welche Konsequenzen dies hat. Ein Schulleiter berichtete in einem Interview, dass im Vorfeld der Einführung von Schulsozialarbeit an seiner Schule auch darüber diskutiert wurde, was die seismographische Funktion von Schulsozialarbeit für die Lehrkräfte bedeuten kann:

„Wir haben uns lange überlegt, ob wir Schulsozialarbeit an unserer Schule ein-
führen wollen, weil wir es auch für einen mutigen Schritt halten und uns gar
nicht so sicher waren, ob wir wirklich all das überhaupt wissen wollen, was im
Leben der Schülerinnen und Schüler passiert".

Die Metapher von Schulsozialarbeit als Seismograph repräsentiert jedoch nicht
nur die Perspektive und den Nutzen der Erwachsenenwelt. Auch die Perspektiven von Kindern und Jugendlichen können damit erfasst werden. Kinder und
Jugendliche rütteln auch aktiv an diesem Seismographen, um auf bestimmte Dinge hinzuweisen. Sie nutzen die Schulsozialarbeit somit nicht nur, um in einem
geschützten Rahmen vertrauliche Gespräche zu führen. Der Seismograph Schulsozialarbeit dient ihnen auch – metaphorisch gesprochen – als Alarmglocke, um
auf ihre Lebenswelten und Realitäten hinzuweisen. Die Probleme, auf die sie
aufmerksam machen wollen, beziehen sich dann weniger auf individuelle oder
familienbezogene Angelegenheiten, sondern vielfach auf ihr Verhältnis zu Lehrkräften und der Institution Schule. Auf die Frage, ob sich etwas ändern sollte,
stellte ein Schüler z.b. die Mikro-Ebene der schulischen Interaktionen in den
Vordergrund:

„Ja, dass die Lehrer (meistens die älteren) keinen Lieblingsschüler haben!! Denn
dann wird es ungerecht!!".

Auch bei einer Gruppendiskussion mit Schülerinnen und Schülern zeigte sich die
Funktion von Schulsozialarbeit als Alarmglocke. Auf die Frage, ob sich die
Schülerinnen und Schüler etwas Konkretes von der Schulsozialarbeit wünschten,
formulierten sie, dass die Schulsozialarbeit unbedingt in jedem Klassenzimmer
eine Kamera installieren sollte, damit deutlich werde, wie es den Schülerinnen
und Schülern dort ergeht. Schülerinnen und Schüler wollen die Schulsozialarbeit
somit auch nutzen, um auf sich aufmerksam zu machen – um Alarm zu schlagen
– und die Schulsozialarbeit ist dann dazu herausgefordert, in komplexen schulischen Kontexten darauf zu reagieren.

(11) Schulsozialarbeit als Mittel zur Vermeidung von Unterricht

Kinder und Jugendliche stehen in der Schule vor der Herausforderung, den
Schulalltag zu bewältigen. Die Frage, welche Strategien Kinder und Jugendliche
dafür wählen, wurde in den letzten Jahren vermehrt zum Ausgangspunkt von
Forschung gemacht (vgl. z.B. Maschke/Stecher 2010; Kramer et al. 2009;
Breidenstein 2006; Seiffge-Krenke 2006).

In den Evaluationen von Schulsozialarbeit hat sich diesbezüglich gezeigt, dass Kinder und Jugendliche die Schulsozialarbeit nicht einzig dafür nutzen, um bei ihr Fragen und Probleme der Lebensbewältigung zu besprechen. Sie kann auch als Entschuldigung dafür missbraucht werden, dem Unterricht fernzubleiben. So meldeten sich an einigen Standorten, an denen Schülerinnen und Schüler die Schulsozialarbeit auch während der Unterrichtszeit aufsuchen durften, Schülerinnen und Schüler vom Unterricht ab, weil sie angeblich etwas mit der Schulsozialarbeit besprechen wollten, erschienen dort aber nie. Die Schülerinnen und Schüler prägten mit diesem ‚kreativen Absentismus' die Praxis, denn Schule und Schulsozialarbeit mussten daraufhin neue Prozessabläufe entwickeln, die eine solche Form der unerwünschten Nutzung verhinderten. In vielen Schulen gibt es vor dem Hintergrund solcher Strategien mittlerweile die Regelung, dass Schülerinnen und Schüler den Lehrkräften eine Bescheinigung der Schulsozialarbeit mitbringen müssen, wenn sie die Schulsozialarbeit während der Unterrichtszeit aufgesucht haben.

Kulturphänomenologisch lässt sich vor diesem Hintergrund resümieren, dass Kinder und Jugendliche die Schulsozialarbeit nicht nur im intendierten Sinn in ihre Strategien der Lebensführung integrieren.

(12) Schulsozialarbeit als Korrektiv schulisch induzierter Probleme

Genauso wie die Soziale Arbeit dazu herausgefordert ist, sich selbst und die Konsequenzen ihrer Praxis zu reflektieren, kann auch an die Schule die Frage gerichtet werden, welche Wirkungen Schule jenseits der beabsichtigten Wissensvermittlung auf Kinder und Jugendliche hat. Diesbezüglich hat z.B. die neuere Bildungsforschung aufgezeigt, dass Schule durch Selektionen auch zu Ausgrenzungsprozessen von Kindern und Jugendlichen beiträgt (vgl. dazu zusammenfassend Coradi Vellacott 2007; Coradi Vellacott et al. 2003; Coradi Vellacott/Wolter 2005). Darüber hinaus werden Kinder und Jugendliche durch schulische Selektionen immer wieder vor die Aufgabe gestellt, sich neuen Lernumgebungen anzupassen. Wenn dabei über einen längeren Zeitraum ein Missverhältnis zwischen individuellem Bildungsbedarf bzw. individueller Leistungsfähigkeit und schulischem Bildungsangebot besteht, kann dies zu unterschiedlichen Problemen führen. So zeigten z.B. Fuchs/Lamnek/Luedtke/Baur auf, dass desintegrierende schulische Selektionen ein Auslöser für Gewalthandlungen Jugendlicher sind (vgl. Fuchs et al. 2005, S. 30 ff.), Stamm (2005) verdeutlichte den Einfluss von Schule auf Schulabsentismus und eine kürzlich erschienene Studie in Deutschland zeigte auf, dass schulischer Leistungsdruck bei Schülerinnen und Schülern zu Einschlafproblemen, Gereiztheit, Kopfschmerzen, Rückenschmerzen, Niedergeschlagenheit, Nervosität, Schwindelgefühlen und Bauch-schmerzen führt (vgl. Scharf/Rupprecht 2010).

Zu behaupten, alle Probleme, die im Schulhaus auftreten, würden von außen in die Schule hineingetragen, wäre insofern eine verkürzte Analyse. Lehrkräfte als Einzelpersonen sowie die Schule als System können bei Kindern und Jugend-lichen individuelle Probleme hervorrufen, die durch individuelle Verarbeitung wiederum zu sozialen Problemen werden können.

Auch in den Evaluationen von Schulsozialarbeit wurde deutlich, dass Prob-leme im Kontext Schule, also z.b. Konflikte zwischen Schüler/innen und Lehr-kräften, hoher Leistungsdruck, Schulausschluss etc. immer wieder Anlass zur Kontaktaufnahme mit der Schulsozialarbeit sind. Dies wurde zum einen durch die Beratungsanlässe ersichtlich (vgl. Kap. 2.2.1.1), zum anderen gaben 30.2% der Schülerinnen und Schüler in den Befragungen an, dass sie sich mindestens einmal pro Monat von einer Lehrkraft ungerecht behandelt fühlen, 52.4% gaben an, mindestens einmal pro Woche Leistungsdruck zu verspüren und 48.3% fühl-ten sich mindestens einmal pro Monat von der Schule gestresst.

Schule ist demnach nicht nur ein Ort der formalen Wissensvermittlung, sondern auch ein problemverursachendes soziales Gebilde. Aus analytischer Sicht wird Schulsozialarbeit in den genannten Fällen somit zu einem Dienst für Probleme, die die Schule selbst erzeugt.

(13) Schulsozialarbeit als corporate identity von Schule

Im Rahmen der Evaluationen wurde in den Interviews mit den verschiedenen Beteiligten der Schulsozialarbeit auch stets gefragt, was die Einführung von Schulsozialarbeit für die Aussenwirkung der Schule bedeute. Hinter dieser Frage stand die These, dass die Einführung von Schulsozialarbeit an einer Schule von außen (z.B. durch Eltern und die Öffentlichkeit) unterschiedlich gedeutet werden kann. Sie kann z.B. als Qualitätssteigerung pädagogischer Prozesse oder aber als Kennzeichen dafür gedeutet werden, dass es an einer Schule wohl besondere Probleme gibt, die sogar den Einsatz von Schulsozialarbeit erfordern.

In den Evaluationen sahen alle beteiligten Personen, insbesondere diejeni-gen auf der Steuerungsebene, in der Schulsozialarbeit ein positives Aushänge-schild für die Schule. Die Einführung von Schulsozialarbeit wurde nicht als Ein-geständnis für nicht zu bewältigende Probleme gesehen, sondern als positive Lösung für gegenwärtige Herausforderungen. Schulen, an denen Schulsozialar-beit eingeführt wird, werden somit – zumindest aus Sicht der Beteiligten – in ihrer Außenwirkung eher positiver als negativer wahrgenommen.

An mehreren Evaluationsstandorten kam es vor diesem Hintergrund auch zu der Entwicklung, dass nach Abschluss einer Pilot- und Evaluationsphase weitere

Schulen das Interesse anmeldeten, Schulsozialarbeit einzuführen. Schulsozialarbeit kann somit von der Steuerungsebene durchaus dafür eingesetzt werden, um die Attraktivität einer Schule nach außen hin zu steigern.

(14) Schulsozialarbeit als neues Bündnis der Generationen

Das Verhältnis der erwachsenen zur heranwachsenden Generation manifestierte sich in Schulen über lange Zeit als ein Verhältnis von lehrenden zu lernenden Menschen. Die Erwachsenengeneration gab vor, was die Heranwachsenden wissen mussten und wie sie sich adäquat zu verhalten hatten.[13]

Die große Anzahl an Rückmeldungen von Schülerinnen und Schülern, dass sie die Schulsozialarbeitenden „sehr nett" und „ganz toll" finden, kann vor diesem Hintergrund auch als eine Veränderung des Generationenverhältnisses in Schulen verstanden werden. Schule ist nun nicht mehr ein Ort, an dem einzig formelle Lernprozesse im Mittelpunkt der Interaktionen der Generationen stehen. Darüber hinaus symbolisiert die Einführung von Schulsozialarbeit den Schülerinnen und Schülern offenbar, dass die Erwachsenengeneration sich für die Lebenswirklichkeiten von Kindern und Jugendlichen interessiert und sich ihrer annimmt. Alltags- und lebensrelevante Sorgen, Probleme, Ängste, Wünsche und Hoffnungen von Kindern und Jugendlichen werden über die Schulsozialarbeit vielerorts überhaupt erst zum Thema gemacht. Ein vormals eher eindimensionales Verhältnis zwischen der lehrenden und bewertenden Erwachsenenwelt und den lernenden Kindern und Jugendlichen verwandelt sich dadurch. Es entsteht ein dialogisches Verhältnis, innerhalb dessen die Erwachsenenwelt nicht nur auf das 'spätere Leben' vorbereitet, sondern im Hier und Jetzt kindlicher und jugendlicher Wirklichkeitserfahrungen Unterstützung zum Wohle und direktem Nutzen der Kinder und Jugendlichen anbietet.

3.4 Diskussion und Praxisrelevanz kulturphänomenologischer Analysen

Die erläuterten kulturphänomenologischen Analysen tragen dazu bei, das Handlungsfeld Schulsozialarbeit hinsichtlich seiner Erscheinungsformen, Nutzungsweisen und Widersprüche vertieft zu verstehen. Soziale Arbeit ist immer auch Handeln im und am Widerspruch. Die Entstehung von Widersprüchen im Handlungsfeld Schulsozialarbeit kann aus einer kulturphänomenologischen Perspektive systematisierend erschlossen werden. Widersprüche im Handlungsfeld Schul-

---

[13] In historischer Perspektive wird dies bei Rutschky 1977 deutlich, aktuell empirisch bei Helsper et al. 2009.

sozialarbeit entstehen demzufolge unter anderem dadurch, dass verschiedene Personen unterschiedliche Strategien mit der Schulsozialarbeit verknüpfen wollen. Je unterschiedlicher die mit der Schulsozialarbeit verbundenen Strategien sind, desto widersprüchlicher erscheint die Praxis.

Wer welche Strategien mit der Schulsozialarbeit verbinden kann, hängt auch von Machtpositionen ab. Können Schulsozialarbeitende ihre beruflichen Strategien verwirklichen und der Schulsozialarbeit zu einem fachlich fundierten Erscheinungsbild verhelfen? Welche Strategien verfolgen Lehrkräfte und wie können sie sich durchsetzen? Auf welche Weise möchten Kinder und Jugendliche die Schulsozialarbeit nutzen und können sie der Schulsozialarbeit selbst ein entsprechendes Bild verleihen? Oder dominiert die politische Strategie, durch Schulsozialarbeit die Fälle der Jugendanwaltschaft zu reduzieren? Die Antworten auf diese Fragen bzw. die mit der Schulsozialarbeit verbundenen strategischen Absichten variieren von Standort zu Standort. Dort, wo die möglichen Nutzungsweisen und Erscheinungsbilder von Schulsozialarbeit unklar und umstritten sind, bilden sich Allianzen verschiedener strategischer Partner/innen heraus, um bestimmte Nutzungsweisen und daraus resultierende Erscheinungsformen machtvoller durchsetzen und unerwünschte Formen der Nutzung unterbinden zu können. Ein Beispiel hierfür ist z.B. die Regelung, dass Schulsozialarbeit unter schulischer Trägerschaft eine Fachaufsicht von der Sozial- bzw. Jugendbehörde bekommt. Diese dient als strategischer und machtvoller Partner, der Nutzungsweisen und Erscheinungsformen mit prägen kann.

Aus kulturphänomenologischer Sicht geht es in der Auseinandersetzung um Professionalisierung und Profilbildung der Schulsozialarbeit in der Schweiz um die Frage, wer welche Strategien auf welche Weise mit der Schulsozialarbeit verbinden darf, kann oder muss, und nach welchen Maßstäben dies geschehen sollte.

Über die Analyse von Erscheinungsformen von Schulsozialarbeit hinaus ermöglicht ein kulturphänomenologischer Ansatz weitere Reflexionen zur Sozialen Arbeit. Zum Beispiel wurde im Rahmen dieser Analysen deutlich, dass bisherige Verständnisse der Figur des „Nutzers" Sozialer Arbeit verkürzt sind. Mit der Gruppe der „Nutzerinnen und Nutzer" werden im gegenwärtigen Diskurs Personen bezeichnet, die Dienstleistungsangebote der Sozialen Arbeit in Anspruch nehmen (vgl. z.B. Schaarschuch 2003, 2008; Schumann et al. 2006). Im Mittelpunkt stehen demnach Personen, die im direkten Kontakt mit der Sozialen Arbeit Hilfe erhalten.

Soziale Arbeit – oder in diesem Fall das Diskurskonstrukt Schulsozialarbeit – wird jedoch auf unterschiedliche Weise und von vielen verschiedenen Personengruppen genutzt. Nicht nur freiwillig hilfesuchende Schülerinnen und Schüler nutzen die Schulsozialarbeit, sondern auch Lehrkräfte, die Schülerinnen und

Schüler zur Schulsozialarbeit schicken. Darüber hinaus nutzen auch die Professionellen das Diskurskonstrukt Schulsozialarbeit für ihre Strategie der Existenzsicherung und Berufsausübung.

Aus empirischer Sicht wären daher korrekterweise alle, die auf irgendeine Weise einen Nutzen aus der Schulsozialarbeit ziehen, als Nutzerinnen und Nutzer zu bezeichnen. Lediglich sogenannte „Leistungsempfänger/innen" als Nutzerinnen und Nutzer zu bezeichnen, schränkt den Blick auf weitere Nutzungen und damit verbundene Erscheinungen von Schulsozialarbeit ein. Insofern müsste der Begriff des Nutzers bzw. der Nutzerin auf alle Beteiligten ausgeweitet werden, damit er empirischen Realitäten gerecht wird. Gleichzeitig erfordern die kulturphänomenologischen Analysen jedoch auch eine begriffliche Differenzierung in Bezug auf die Personen, die mit der Schulsozialarbeit direkt interagieren. Auch hier erweist sich die bisherige Verwendungsweise des Nutzer/innenbegriffs als empirisch nicht haltbar. Wurden im bisherigen Sprachgebrauch alle, die z.B. bei der Schulsozialarbeit in einer Beratung waren, als Nutzerinnen und Nutzer bezeichnet, so zeigt die vorliegende Empirie, dass nicht alle diese Personen die Schulsozialarbeit auch nutzten. Insbesondere Kinder und Jugendliche, die gegen ihren Willen mit der Schulsozialarbeit in Kontakt gebracht wurden, zeigten teilweise kein Interesse an einer Nutzung und wiesen Hilfsangebote zurück. Sie wären demnach als Nutzerinnen und Nutzer nicht korrekt bezeichnet.

Zentral scheint aus kulturphänomenologischer Perspektive zudem die Kategorie 'Sinn' zu sein, denn die beteiligten Subjekte wägen offenbar ihr Verhältnis zur Schulsozialarbeit danach ab, ob es für sie Sinn macht, die Schulsozialarbeit zu nutzen. Die Antwort auf diese Frage, ist jedoch nicht einzig von individuellen Strategien der Lebensbewältigung abhängig. Entscheidend ist auch, welche Sinnzuschreibungen gegenüber der Schulsozialarbeit überhaupt als zulässig kommuniziert werden. So vermitteln Schulsozialarbeitende selbst das Spektrum möglicher Sinnzuschreibungen, wenn sie z.B. die Schulsozialarbeit in den Klassen, auf Lehrendenkonferenzen oder in Infobroschüren vorstellen. Auch die Fachliteratur zur Schulsozialarbeit kann als Ort verstanden werden, an dem Sinnzuschreibungen gegenüber der Schulsozialarbeit diskutiert und dargestellt werden.

4 Strukturmaximen und Handlungsprinzipien im Spiegel der Forschung

Im Fachdiskurs wird das Handlungsfeld Schulsozialarbeit in den letzten Jahren immer differenzierter diskutiert und konzipiert. Dies führte zu einer Profilbildung von Schulsozialarbeit, die unter anderem durch die Formulierung bestimmter Strukturmaximen und Handlungsprinzipien für die Schulsozialarbeit zum Ausdruck kommt. Strukturmaximen sind von der Schulsozialarbeit angebotene Rahmenbedingungen der Nutzung und Handlungsprinzipien sind grundlegende Einstellungen und Haltungen, die das professionelle Handeln in der Schulsozialarbeit kennzeichnen. Strukturmaximen und Handlungsprinzipien wie z.B. Freiwilligkeit, Beziehungsarbeit, anwaltschaftliches Handeln sowie Dienstleistungs- und Subjektorientierung gehören mittlerweile zum Standard, wenn es darum geht, das Profil und Selbstverständnis professioneller Schulsozialarbeit darzustellen. Im Fachdiskurs für die Schulsozialarbeit formulierte Strukturmaximen und Handlungsprinzipien kennzeichnen zunächst jedoch nur das, was im Fachdiskurs unter qualitätsvoller Schulsozialarbeit verstanden wird. Es stellt sich daher immer auch die Frage, wie Schülerinnen und Schüler sowie Lehrkräfte diese Elemente fachlicher Praxis wahrnehmen. Es geht somit um die Frage, ob das, was die Fachwelt als Qualitätsmerkmale formuliert, auch ihren Qualitätsansprüchen entspricht.

Diesen Fragen wird im Folgenden weiter nachgegangen, indem Elemente schulsozialarbeiterischer Praxis aus der Perspektive der Nutzerinnen und Nutzer rekonstruiert werden.

Dafür wurde ein zweifaches Vorgehen gewählt: Zum einen wurde vor dem Hintergrund der fachlichen Diskussion untersucht, in welcher Weise sich Strukturmaximen und Handlungsprinzipien in den Evaluationsdaten zeigen. Es wurde darauf aufbauend nach der subjektiven Bedeutung dieser fachlichen Standards für die Schülerinnen und Schüler sowie die Lehrkräfte gefragt. Zum anderen wurden die offenen Antworten der Schüler/innen und der Lehrkräfte daraufhin analysiert, welche Themen sie in Bezug auf Schulsozialarbeit beschäftigen. Im Analyseprozess wurden die Aussagen entsprechend kategorisiert.

4.1 Zusammenhänge zwischen Beziehung und Erfolgseinschätzung

Wie Nohl bereits in seinen ersten grundlegenden Ausführungen zur Sozialpädagogik formuliert hat, setzt gelingendes sozialpädagogisches Handeln eine Beziehung zwischen Professionellen und den Nutzerinnen und Nutzern voraus (vgl.

Nohl 1927, 1961). In vielen Konzepten der Schulsozialarbeit in der Schweiz wird diese alte allgemeine erziehungswissenschaftliche Erkenntnis ebenfalls hervorgehoben, indem betont wird, dass die Schulsozialarbeitenden Beziehungen zu Schülerinnen und Schülern aufzubauen haben. Für die konkrete Praxis stellen sich jedoch die Fragen, wie diese Beziehungen zwischen Schulsozialarbeitenden und Kindern und Jugendlichen aussehen sollten, welche Art von Beziehung von Kindern und Jugendlichen gewünscht wird und welche Inhalte für sie von besonderer Bedeutung sind. Es stellt sich somit die Frage nach 'Beziehungsqualität' und ihrem Einfluss auf den Verlauf von Hilfeleistungen. Dieser Frage wird im Folgenden nachgegangen.

Die Beziehungsqualität zwischen Schulsozialarbeitenden und Kindern und Jugendlichen war kein zentraler Untersuchungsgegenstand der hier neu analysierten Evaluationen. Dennoch gaben verschiedene Daten Auskunft über diese Beziehungen. Die Sekundäranalysen zur Frage nach der Beziehungsqualität und ihren Bedeutungen und Kontexten stützen sich somit auf eine Reihe von Items, Indikatoren und Aussagen, die jeweils Teilaspekte von Beziehungen hervorheben. Als Erstes wurde der Frage nachgegangen, ob aus Sicht der Schulsozialarbeitenden und der Schülerinnen und Schüler überhaupt ein Zusammenhang zwischen der Beziehungsqualität und dem wahrgenommenen Erfolg einer Beratung besteht. Anschließend werden Aussagen von Schülerinnen und Schülern hinsichtlich verschiedener relevanter Beziehungsdimensionen interpretiert. Zudem gaben einige Aussagen von Lehrkräften Auskunft über die Bedeutung und Inhalte von Beziehungen.

Um Zusammenhänge zwischen positiver Erfolgseinschätzung einer Beratung und Beziehungsaspekten zu prüfen, wurden folgende Aussagen der Schulsozialarbeitenden auf Zusammenhänge geprüft:

- Ich konnte gute Ratschläge und Tipps geben
- Ich konnte eine vertrauensvolle Atmosphäre herstellen
- Die Situation der beratenen Person hat sich verbessert
- In der Beratung konnten die vereinbarten Ziele erreicht werden
- Waren die Beratungen aus Ihrer Sicht insgesamt erfolgreich?

Entsprechende Angaben liegen von den Standorten C, D und E vor. Insgesamt wurden 269 Beratungsdossiers geführt. Die Abschlussbeurteilung wurde nicht bei allen Beratungen vorgenommen, so dass die folgenden Angaben nicht auf Vollständigkeit beruhen (die Zahl an Antworten werden jeweils angegeben). Diese Faktoren korrelieren alle hoch signifikant miteinander, wie in Tabelle 5: ersichtlich wird ($p < 0.001$). Die oben beschriebenen Faktoren können somit als ein Gesamtzusammenhang verstanden werden, der erste Hinweise auf das Verhältnis von Beziehungsqualität und erfolgreichem Handeln ermöglicht. Aus Perspektive der Schulsozialarbeitenden hängt die emotionale Qualität der Beratung (hier über den Indikator „ich konnte eine vertrauensvolle Atmosphäre herstellen" erfasst) eng mit ihrer Erfolgseinschätzung der Beratung zusammen.

Tabelle 5: Korrelationen emotionale Qualität und Beratungserfolg aus Sicht Schulsozialarbeit

		Vertrauensvolle Atmosphäre	Ziele erreicht	gute Ratschläge und Tipps	insgesamt erfolgreich
Situation der beratenen Person verbessert	R	.58	.79	.52	.69
	Sig.	.000	.000	.000	.000
	N	120	83	84	122
vertrauensvolle Atmosphäre hergestellt	R		.62	.62	.52
	Sig.		.000	.000	.000
	N		86	88	128
vereinbarte Ziele erreicht	R			.47	.74
	Sig.			.000	.000
	N			86	86
gute Ratschläge und Tipps gegeben	R				.37
	Sig.				.000
	N				88

Als Nächstes wird geprüft, ob sich wie bei den Schulsozialarbeitenden auch in der Perspektive der Schülerinnen und Schüler Zusammenhänge zwischen positiver Erfolgsbewertung und Beziehungsaspekten finden. Grundlage der folgenden Analyse sind 157 Fragebögen von Schülerinnen und Schülern, welche direkt nach einer Beratung eine Bewertung abgaben. Wie in Kapitel 5.1 ausführlich dargestellt wird, beurteilen fast 90% aller Schülerinnen und Schüler, welche nach einer Beratung ihre Bewertung abgaben, die Beratung positiv. Um prüfen zu können, inwiefern eine solche positive Einschätzung mit Beziehungsaspekten korreliert, wurde auf Grundlage der vorhandenen Items eine Skala „emotionale Qualität der Beziehung" gebildet. Diese besteht aus den Items „ich wurde ernst genommen", „ich habe mich wohl gefühlt" und „der/die Schulsozialarbeiter/in hat mich gut verstanden" (3 Items, Cronbach's Alpa 0.782). Diese Skala korreliert in signifikanter Weise positiv mit verschiedenen Aussagen zu Wirkungsdimensionen (siehe Tabelle 6). Eine positive Einschätzung der emotionalen Qualität einer Beziehung geht mit einer positiven Einschätzung des Ergebnisses einer Beratung einher.

Tabelle 6: Korrelationen versch. Items mit Skala „emotionale Qualität"

Item	N	r	Sig.
Die Gespräche haben mir weiter geholfen	145	.63	.000
Ich weiß besser, an wen ich mich wenden kann	145	.52	.000
SSA hat mir gute Tipps gegeben	145	.57	.000

Die Angaben der Schülerinnen und Schüler zur Frage, inwiefern die Gespräche weitergeholfen haben hängen signifikant damit zusammen, wie sehr sich die Schülerinnen und Schüler ernst genommen und verstanden fühlten und ob sie sich wohl fühlten. Auch die Items „die Schulsozialarbeit hat mir gute Tipps gegeben" und „ich weiß besser, an wen ich mich wenden kann" (beide können als Hinweise auf erweiterte Handlungs- und Problemlösefähigkeit verstanden werden), stehen in einem signifikanten Zusammenhang mit der emotionalen Qualität der Beratung aus Sicht der Nutzerinnen und Nutzer.

Sowohl die Antworten der Schulsozialarbeitenden als auch der beratenen Kinder und Jugendlichen deuten somit darauf hin, dass bestimmte Beziehungsformen Grundlage positiver Veränderungen sind.

Was kennzeichnet jedoch eine positive Beziehung aus Sicht der Beteiligten? Welche Aspekte führen dazu, dass Schülerinnen und Schüler zur Überzeugung gelangen, die Schulsozialarbeit verstehe sie und sei hilfreich?

Diesen Fragen wird im Folgenden nachgegangen, indem individuelle Wahrnehmungs- und Interpretationsprozesse der Schülerinnen und Schüler diesbezüglich ausgewertet werden. Schülerinnen und Schüler hatten im Rahmen der quantitativen Befragungen die Möglichkeit, Aussagen in eigenen Worten zu formulieren. Anhand dieser offenen Antworten wird im Folgenden rekonstruiert, welche Bedeutungen sie der Schulsozialarbeit zuschreiben und wie sie diese gewichten und bewerten.

4.2 Zentrale Beziehungsaspekte aus Sicht Schülerinnen und Schüler

In den Rückmeldungen von Schülerinnen und Schülern, die das Beratungsangebot der Schulsozialarbeit genutzt haben, spiegelte sich eine hohe Zufriedenheit wieder (vgl. auch Kap. 5.1). Dabei hoben die Schülerinnen und Schüler – ebenso wie die Schulsozialarbeitenden – Zusammenhänge von Beziehungsaspekten und Beratungsergebnisses hervor. Die Antworten und Kommentare der Schülerinnen und Schüler bezogen sich fast ausschließlich auf Beziehungsaspekte. Die Schülerinnen und Schüler bezogen Erfolge und Misserfolge stets auf die Schulsozialarbeitenden als Person oder auf ihre Beziehung zu ihr. Für die Schülerinnen und Schüler sind Schulsozialarbeitende identisch mit dem Angebot der Schulsozialarbeit, der Erfolg einer Beratung wird entsprechend auch personalen Merkmalen (nett, cool etc.) zugeschrieben. Werden nicht nur die Aussagen der Schülerinnen und Schüler, die eine Beratung genutzt haben, sondern die Aussagen aller Schülerinnen und Schüler betrachtet, verändert sich das Bild nicht. Von den insgesamt 1527 befragten Schülerinnen und Schülern nutzten 87% (1328) die offenen Antwortmöglichkeiten und thematisierten darin vorwiegend Beziehungsaspekte.

Die Interpretation der Aussagen verdeutlicht, dass Schülerinnen und Schüler die personalen Eigenschaften der Schulsozialarbeitenden, ihre Beziehung zu ihnen sowie den Erfolg der Hilfe bzw. die Wahrscheinlichkeit der Nutzung der Schulsozialarbeit bei Hilfsbedürftigkeit stets in einem engen Zusammenhang sehen.

Aus den Aussagen der Schülerinnen und Schüler ließen sich einige zentrale Dimensionen und Begriffe herausarbeiten, denen eine besondere Relevanz zukommt und die im Folgenden differenzierter dargestellt werden.

4.2.1 Vertrauen: Die Qualität von Schweigepflicht

Wird sowohl im Fachdiskurs als auch in der Praxis der Schulsozialarbeit grundsätzlich die Schweigepflicht als eine zentrale Strukturmaxime von Schulsozialarbeit hervorgehoben, so stellt sich auch die Frage, welche Bedeutungen Schülerinnen und Schülern sowie Lehrkräfte der Schweigepflicht beimessen. Die Auswertung der offen formulierten Antworten der befragten Kinder und Jugendlichen verdeutlichte, dass die Schweigepflicht für sie eine Grundvoraussetzung ist, um der Schulsozialarbeit vertrauen zu können. Ihr Vertrauen in die Schulsozialarbeit steht in einem direkten Bezug zur Schweigepflicht. Folgende Zitate zeigen diese vielfach geäußerten Zusammenhänge exemplarisch auf:

> „Also ich finde es gut, weil es Leute in der Schule gibt, mit denen man reden kann. Wenn man sonst in keinen so vertrauen hat oder einfach nicht reden kann

mit anderen. Dann ist es gut, wenn es Schulsozialarbeiter gibt, weil diese nichts weiter erzählen dürfen".

„Ich fühlte mich immer bei der Schulsozialarbeit sicher, weil ich wusste, dass sie meine Probleme nicht weiter erzählt".

„Es ist gut, dass sie es für sich behaltet".

Vertrauen und der Umgang mit Schweigepflicht stellen zentrale Maßstäbe dar, anhand derer Schülerinnen und Schüler eine Inanspruchnahme eines Hilfeangebotes abwägen. Vertrauen gibt dem Beratungsgespräch somit einen geschützten Rahmen und bildet die Grundlage, damit sich Schülerinnen und Schüler ohne Angst vor negativen Konsequenzen öffnen können. An erfolgreichen Beratungen lobten die Schülerinnen und Schüler insbesondere die gegenseitige Offenheit:

„dass ich ihr einfach alles sagen konnte".

„Sie war für alles offen".

„dass er so offen & normal mit uns redet!".

„dass man alles mögliche sagen kann ohne das es einem Peinlich ist".

„das sie offen und erliche Antworten gibt".

„das er sehr offenherzig ist".

„dass sie ehrlich war".

In der Mehrheit der Antworten kommt zum Ausdruck, dass die Schulsozialarbeitenden ihre eigenen fachlichen Maßstäbe in einer Art und Weise umsetzen, die den Bedürfnissen der Schülerinnen und Schüler entspricht. In anderen Worten: die Mehrheit der Kinder und Jugendlichen hebt positiv hervor, dass die Schulsozialarbeit vertrauenswürdig sei.

Jedoch wird an den zweifelnden oder negativen Stimmen auch deutlich, dass allein die Versicherung der Schulsozialarbeit, sie stehe unter Schweigepflicht, noch kein Vertrauensverhältnis schafft, wie folgende Stimme verdeutlicht:

„Ich weiß ja nicht, ob sie etwas weiter erzählt ich bin mir nicht sicher".

Insofern arbeiten Schulsozialarbeitende entweder mit einem Vertrauensvorschuss, den sie für eine gelingende Hilfe entsprechend nachträglich belegen müssen, oder sie müssen zunächst ihre Vertrauenswürdigkeit glaubhaft darstellen, damit sich Schülerinnen und Schüler auf weitere Prozesse einlassen.

Wird der von Seiten der Kinder und Jugendlichen gewährte Vertrauensvorschuss von der Schulsozialarbeit aus ihrer Sicht missbraucht, so ist dies folgenreich: Kinder und Jugendliche hören auf, die Schulsozialarbeit zu nutzen und bewerten die Schulsozialarbeit negativ. Folgende Aussagen von Schülerinnen und Schülern auf die Frage, was sich ändern sollte, dokumentieren dies und verdeutlichen die zentrale Funktion der Schweigepflicht in diesem Kontext:

„Sie sollte ihre Geheimnisse für sich behalten".
„Sie sollte das Wort Schweigepflicht einhalten!".

Durchaus denkbar ist in diesen Fällen auch, dass die Schulsozialarbeitenden ihr Verhalten gar nicht als Schweigepflichtverletzung ansahen. So kam es in der Praxis offenbar zu dem Vorfall, dass eine Schülerin in der Pause in Hörweite ihrer Freundinnen von der Schulsozialarbeit auf einen laufenden Hilfeprozess angesprochen wurde. Andere Schülerinnen und Schüler betonen die Relevanz der Schweigepflicht der Schulsozialarbeit gegenüber Lehrkräften und Eltern. Sie formulierten auf die Frage, ob und was sich ändern sollte:

„Die Schulsozialarbeit sollte einen nicht vor anderen Leuten ansprechen auf die Probleme die man hat".
„Nur unter vier Augen sprechen! Freundinnen dürfen nichts davon wissen!".
„Dass die Schulsozialarbeit nicht alles der Lehrerin sagt. Einmal war ich bei ihr und als wir fertig waren, hat sie es gesagt".
„Das wen ich sage ich möchte nicht das er ein Elterngespräch führt, das auch nicht macht".

Vertrauen über Schweigepflicht aufzubauen und aufrecht zu erhalten erfordert demnach von den Schulsozialarbeitenden auch umfangreiche Reflexionen eigener Praxis, innerhalb derer sie sich stets fragen sollten, was bestimmte Aktivitäten – auch wenn sie gut gemeint sind – für das Vertrauen der Kinder und Jugendlichen bedeuten.

Auch die Lehrkräfte kommentieren die Schweigepflicht der Schulsozialarbeit mehrfach. Für diejenigen Lehrkräfte, welche das Thema ansprachen, stellte die Schweigepflicht der Schulsozialarbeit eine Schwierigkeit in der Zusammenarbeit dar. Sie fühlten sich schlecht informiert und interpretierten die Einhaltung der Schweigepflicht als fehlende Information und Misstrauen ihnen gegenüber. Folgende Zitate von Lehrkräften drücken diese Perspektive aus:

„Elternkontakte ohne Rücksprache mit der LP dass ein Gespräch stattgefunden hat, für die LP nicht angenehm".
„Die Schweigepflicht erschwert die Zusammenarbeit mit den LPs".
„Die SSA „stellt" sich unter Schweigepflicht – dies ist einerseits verständlich, ist aber auch für Lehrpersonen schwierig".
„Informationen müssten grundsätzliche weitergeleitet werden, damit man gemeinsam etwas bewirken kann. „Wissensvorsprung" der SSA wirkt sich ungünstig auf das Team aus".

„Falls ein Schüler/ eine Schülerin tief greifende und für sie bedrohliche Probleme hat und der SSA an eine umfassende Schweigepflicht gebunden ist, kann wertvolle Zeit verstreichen. Ebenso kann unser Verhalten gegenüber dem Kind u. U. „falsch" sein".

„Mir macht es Mühe, dass ich nicht über die Gespräche, die zwischen Schülern und Schulsozialarbeit informiert werde. Der Schulsozialarbeiter sollte enger mit den Lehrpersonen zusammenarbeiten und mehr Vertrauen haben. So hätten Lehrer einen größeren Nutzen".

„Lehrer geben SSA alle möglichen Infos, diese sind aber recht zurückhaltend mit Infos an Lehrer. Dies empfinde ich als schwierig, da alle beteiligten Personen das Ziel haben, das Kind zu unterstützen und zudem alle dem Berufsgeheimnis unterliegen".

In den Evaluationen hat sich gezeigt, dass die Schweigepflicht der Schulsozialarbeit in den Schulhäusern unterschiedlich bewertet wird und dass damit unterschiedlich umgegangen wird. Während die Schweigepflicht der Schulsozialarbeit für die Lehrkräfte in einigen Schulhäusern kein Thema und damit offenbar kein Problem darstellte und sie dieses Strukturelement der Schulsozialarbeit sogar begrüßten und hinsichtlich ihrer Qualität für Schülerinnen und Schüler hervorhoben, wurde die Schweigepflicht an anderen Standorten mehrfach kritisiert.

4.2.2 Sympathie

Vielfach formulierten Schülerinnen und Schüler Gefühle der Zuneigung gegenüber der Schulsozialarbeit. Die Schulsozialarbeitenden werden mit „sympathisch", „nett", „freundlich", „herzlich", „mitfühlend", „cool" und „hat viel Ausstrahlung" charakterisiert. Sie werden als einfühlsam beschrieben, als beziehungsbereit und engagiert. Sympathie sowie eine darauf aufbauende Beziehung wird auch als Gefühl des "gut miteinander Auskommens" formuliert. Folgende Zitate verdeutlichen diese Sympathiezuschreibungen seitens der Kinder und Jugendlichen:

„Mit der Schulsozialarbeiterin kann man gut sprechen".
„Sie kann gut zuhören".
„Sie ist sehr nett und Mag Kinder und Witze".
„Man kann auch mit ihr lachen".
„Die Stimmung im Zimmer war sehr gut".
„Wir sind gut miteinander ausgekommen".
„Sie gibt alles um mir zu helfen".
„Er verhält sich eher wie ein Kumpel. Und er verteilt Süßigkeiten ☺".
„Er ist ein chilliger Kerl, mit dem man es lustig haben kann".
„Er hat einen sehr guten Kontakt mit den Schülern. Er spielt sehr gern mit den Schülern".

„Es macht mir immer wider spass mit ihr zu arbeiten".

Hier zeigt sich, dass emotional positiv konnotierte Beziehungsaufnahmen über „Beziehungsträger" wie Witze erzählen oder gemeinsame Tätigkeiten wie zum Beispiel Tischfussball spielen geschehen können. Auch scheinbare Nebensächlichkeiten können durchaus eine Rolle spielen wie folgendes Zitat aufzeigt:

> „sie ist sehr nett sie ist lustig *sie sieht gut* aus und sie tut immer was sie kann" (Hervorhebung d. V.).

Bei Grundschulkindern steht eher die Person der Schulsozialarbeitenden im Vordergrund (meist in den Satz „sie ist nett" gefasst), in der Oberstufe werden stärker gemeinsame Tätigkeiten in den Vordergrund gestellt.

Über die Dimension der Sympathie werden Schulsozialarbeitende aus Sicht der Kinder und Jugendlichen von „anderen Erwachsenen" (Bolay et al. 2004) zu „relevanten Anderen" (vgl. Mead 1973, 1987), die entsprechend positive Bedeutungen für Kinder und Jugendliche haben.

Neben positiven Sympathiebekundungen können Schülerinnen und Schüler gegenüber der Schulsozialarbeit auch unschlüssig sein:

> „Ich finde er ist irrgend wie komisch".
> „Sie ist sehr nett, ein wehnig komisch, aber sie solle bleiben!".

Bei als nicht erfolgreich bewerteten Beratungen wird hingegen auch Abneigung geäußert. Auf die Frage, was an der Schulsozialarbeit geändert werden sollte, antworteten zwei Jugendliche:

> „Böö, ungefähr alles. Andere Person schicken"
> „Die Besprechung müsste etwas witziger sein, es ist alles etwas trübe und deprimiert".

4.2.3 Empathie

Die Schülerinnen und Schüler hoben sehr oft als positiv hervor, dass sie sich ernst genommen und verstanden fühlten. Den Schulsozialarbeitenden gelang es in den Beratungen offenbar, die Lebenssituationen der Schülerinnen und Schüler angemessen zu verstehen und dies auch entsprechend zu kommunizieren. Folgende Zitate dokumentieren diesen Befund:

> „Sie kann sich gut in unsere Situation einversetzen".
> „Sie versteht Kinder sehr gut".

„Die Lehrer(innen) haben meist keine zeit für dich und sie verstehen meist gahr nicht umwas es geht. Der Sozialarbeiter versteht schohn mit wenigen worten was abspielt".

„Sie versteht die Probleme die man hat gut".

„Sie ging sofort auf alles ein, verstand die Situation sehr gut und war sehr engagiert!"

„Sie ist sehr auf mich eingegangen und hat die Sache sehr ernst genommen".

„Sie sah meine Gefühle wie es mich betrifft".

„Als ich mit ihm gesprochen habe, merkte ich, dass er mir wirklich zuhört und er es auch wirklich verstehen will".

„Er geht voll und ganz auf die Person ein".

„Mit ihm kann man sehr gut und gelassen reden".

„Sie hat immer aufmerksam zugehört, so dass ich mich gut fühlte".

„Sie weiss wie sie mit uns umgehen soll".

„Wenn es einem nicht gut ging, sah sie es der Person an und bat der auch an eine Sprechstunde zu haben".

Empathie und Verstehen entsteht in der Praxis der Schulsozialarbeit nicht nur durch grundlegende Einstellungen der Praktikerinnen und Praktiker, sondern auch durch Partizipation von Kindern und Jugendlichen. Durch Partizipation werden Kinder und Jugendliche als Beziehungsgegenüber ernst genommen. Wird ihnen ermöglicht, die Situation mitzubestimmen bzw. ein vorliegendes Problem mit zu definieren, so wird dies positiv hervorgehoben:

„Er ist interessiert an dem was ich sage".

„Wir konnten noch den Lehrer hinzufügen".

Die zweite Aussage ist so zu verstehen, dass der Lehrer aus Sicht des Schülers entweder Teil des Problems oder aber wichtig für die Problemlösung war und der Schüler es wertschätzte, dass er diese Sichtweise einbringen durfte. Kinder und Jugendliche sind auf diese Weise aktiv in den Definitionsprozess einer Situation mit eingebunden und erhalten durch die Schulsozialarbeit Handlungs- und Mitbestimmungsmöglichkeiten. Der Aufbau einer empathischen Beziehung hat auch einen zeitlichen Aspekt. Wenn ein Kind wertschätzte,

„das die Schulsozialarbeiterin mit guter Geduld zugehört hat",

so drückt es damit aus, dass die Schulsozialarbeiterin nie das Gefühl vermittelte, die Beratung möglichst pragmatisch-routiniert abwickeln zu wollen, sondern auch ausschweifenden oder verwickelten Schilderungen folgte. Den Schulsozialarbeitenden sind in zeitlicher Hinsicht jedoch oft deutliche Grenzen gesetzt, da sie ein Übermaß an Anfragen zu bewältigen haben. Dies nehmen die Schülerinnen und Schüler als eine negative Rahmenbedingung wahr. Es wird vielfach der Wunsch geäußert, dass die Schulsozialarbeit mehr Zeit zur Verfügung habe:

„Wünscht mir das sie mehr Zeit hätte".

Hier wird deutlich, dass fachliche und erfolgreiche Praxis entsprechende Rahmenbedingungen benötigt. Umgekehrt wird bei nicht erfolgreichen Beratungen mangelnde Empathie beklagt. Einzelne Schülerinnen und Schüler berichten von Missverständnissen oder fehlender Bereitschaft der Schulsozialarbeitenden, ihnen zuzuhören. Aus den deutlich formulierten Kommentaren lässt sich eine hohe Emotionalität und Enttäuschung ablesen. Die Schülerinnen und Schüler kritisieren einseitige Situationsdefinitionen der Schulsozialarbeit und erleben es als Entmündigung, Bevormundung und Respektlosigkeit, wenn ihnen eine bestimmte Situationswahrnehmung, ein Rat oder eine bestimmte Lösung vorgegeben wird. Auf die Frage, was sich ändern sollte, wurde z.b. formuliert:

„Müsste sich das Problem näher erklären lassen. Ich finde er hört zu wenig zu und redet selbst mehr".
„Sie sollte uns besser kennen um unsere Probleme zu verstehen".
„Sie kennt die Jugend nicht. Die Frau hat keine Ahnung von wahren Problemen".
„Sie hilft einfach gar nichts, und sie versteht einen auch gar nicht!!".

Schülerinnen und Schüler kritisieren jedoch auch Vorkommnisse, bei denen sich die Schulsozialarbeit zu weit in ihre Lebenswelten begibt, ohne dass dies von den Schülerinnen und Schüler gewünscht oder als sinnvoll erachtet wurde:

„Eigentlich finde ich es gut das es den Schulsozialarbeiter gibt weill er mich schon mal in einem Streit geholfen hat. Aber zum teil finde ich es nicht gut weil es sind nicht seine Probleme sondern meine! Und ich gehe immer zu meinen Eltern!".
Auf die Frage, was die Schulsozialarbeit ändern sollte: „Das sie nicht immer fragt wegen denn Privat Leben".
„Er sollte vielleicht nicht so streng sein. Z.B. wenn ein paar im Haus streiten (zum Spaß) sollte er nicht eingreifen".
„Er soll nicht so Kindisch sein und so den wirklichen Problemen in der Pause folgen und nicht „Raucher" suchen".

Empathisches Verhalten verbürgt demnach dann Qualitäten, wenn es durch Respekt und Anerkennung geprägt ist und wenn es mit einem vorhandenen Bedürfnis von Kindern und Jugendlichen, verstanden zu werden, korrespondiert. Schlägt Empathie in ungefragte 'Lebenswelterkundungen' und soziale Kontrolle um, so wird dies negativ beurteilt.

4.3 Hilfe und Handlungsbefähigung

Schülerinnen und Schüler verbinden mit der Schulsozialarbeit insbesondere den Begriff der Hilfe. Gut die Hälfte aller befragten Schülerinnen und Schüler umschreiben in ihren offenen Antworten den Begriff der Hilfe, indem sie den Nutzen der Schulsozialarbeit hervorheben oder auch Dankbarkeit ausdrücken. Die Schülerinnen und Schüler beschreiben dabei ganz unterschiedliche Formen von Hilfe. Es gibt konkrete Hilfestellungen wie beispielsweise die Hilfe bei Bewerbungsschreiben:

> „Sie hörte mir zu und gab mir gute Tipps und sie erinnerte mich immer daran etwas zu machen d.h. sie schrieb mir eine E-Mail und schrieb, du, vergiss nicht...".

Hilfe kann zudem darin bestehen, dass Schülerinnen und Schüler durch die Beratung eine Erweiterung der Handlungsmöglichkeiten erleben:

> „Sie hat mir viele Wege gezeigt auf die ich selber nie gekommen wäre".

Dies stärkt die Handlungsfähigkeit und eigene Problemlösekompetenz:

> „Was ich auch noch gut finde ist, dass man dort wichtige Ideen zu einem Problem bekommt, und danach auch das richtige tut".

Hilfe kann auch allein schon darin bestehen, dass jemand zuhört und emotionale Unterstützung bietet. Für einige Schülerinnen und Schüler kann die Tatsache, dass sich jemand dafür interessiert, wie es ihnen geht und was sie brauchen bereits Unterstützung genug sein. In den Worten der Schülerinnen und Schüler klingen diese Zusammenhänge wie folgt:

> „Bei Problemen hilft sie uns, sie kann sie zwar nicht auflösen, aber sie hilft uns sie zu lösen oder wie man am besten mit ihnen umgeht".
> „Sie hilft bei jedem Problem ich kann mir nicht vorstellen wie es ohne sie ist".
> „Ich bin froh, dass ich diese Gespräche haben durfte und die Schulsozialarbeiterin half mir wirklich sehr, und das bei jedem Problem".
> „Sie sucht gemeinsam mit mir nach einer Lösung".
> „Es tut gut sogar sehr gut wenn man über das Problem einmal das ganze geredet hat".
> „Ich finde es gut das man dan immer jemand zum reden hat".
> An der Schulsozialarbeit ist gut, „das man ihr etwas sagen kann und sich dan wie erlöst fühlt und es ist ja auch wichtig das man über sine Probleme Privatt oder in der Schule reden kann".
> „Sie hat mir viel mut gegeben".
> An der Beratung war gut „dass er sich um mich „sorgte".

„Sie löst sonst noch probleme die man untereinander nicht lösen kann".

Aus den Aussagen der Schülerinnen und Schüler wird auch deutlich, dass Hilfe insbesondere durch die Rolle von Schulsozialarbeit, die sie von anderen Beteiligten unterscheidet, möglich wird:

> „Ich finde es super, dass wir einen Schulsozialarbeiter haben, weil du über Sachen reden kannst, die du mit z.b. Lehrer/innen Schwester, Bruder und Mutter nicht bereden kannst. Ich finde es sehr super, dass wir einen Schulsozialarbeiter haben. Super!".
> „Gut! Gute Idee! Lehrer können die Probleme NICHT! lösen".
> „Ich denke ist sehr gut wen man in der Schule probleme hat, da der Sozi dann zu den Personen gehen kann! Das könnten Eltern nicht".

Vereinzelt sprechen Schülerinnen und Schüler über misslungene Hilfe durch die Schulsozialarbeit. Wenn die Vorschläge nicht an den Erfahrungen der Beratenden anknüpfen, wenn die Schulsozialarbeitenden als unzuverlässig wahrgenommen werden oder sich eine belastende Situation nicht verbessert, werden die Schulsozialarbeitenden nicht mehr als mögliche Gesprächspartner in Betracht gezogen und Schulsozialarbeit nicht mehr als Hilfe verstanden:[14]

> „Die Tipps sind manchmal unreal (nicht zu gebrauchen heute). Man würde so nichts erreichen, also mehr mit der Zeit gehen und das Verhalten der Schüler mehr studieren".
> „Ich finde sie ist nett, aber ich habe vieles negatives erlebt bin zu ihr gegangen aber nichts gelöst".
> „OK! Ich kann nur sagen ihre Klassen-„Hilfe" hat nichts genutzt! Also lassen sie es lieber!!".

4.4 Neutralität und anwaltschaftliches Handeln

Bei Konflikten von Schüler/innen untereinander oder mit einer Lehrkraft wird die Schulsozialarbeit als eine neutrale, vermittelnde Instanz geschätzt. Auf die Frage, was sie an der Schulsozialarbeit gut finden, formulierten Schülerinnen und Schüler:

> „Sie war sehr neutral und hat geholfen, jeden einzelnen zu Wort kommen zu lassen".
> „Das er sehr neutral bleibt".
> An der Schulsozialarbeit ist gut, „dass es einfach jemand unparteiischen gehen kann, wenn man Probleme in der Klasse oder mit sonstigen „Kollegen" hat".

---

[14] Vgl. dazu auch die Interpretation von Schulsozialarbeit als Auffangnetz in Kap. 3.3

„Ist immer gut mit jemandem zu sprechen, der nicht direkt betroffen ist".

Im Zusammenhang mit theoretischen Reflexionen mögen diese Aussagen auch irritieren, gehört es doch schon lange zum Wissen reflexiver Sozialer Arbeit, dass es keine 'neutrale' – im Sinne nicht-normativer – Soziale Arbeit geben kann, sondern dass Soziale Arbeit immer in Wertesysteme eingebunden ist und nach normativen Maßstäben arbeitet (vgl. Brumlik 1992). Weitere Aussagen von Schülerinnen und Schülern verdeutlichen diesbezüglich, dass ihre Auffassung von Neutralität keineswegs eine nicht-normative Schulsozialarbeit beschreibt, sondern vielmehr die normative Ausrichtung von Schulsozialarbeit hervorhebt, Probleme lösen zu wollen, indem unterschiedliche Beteiligte zu Wort kommen und Lösungen gemeinsam ausgehandelt werden:

„Er bringt Argumente der Gegenseite. Hört einem zu".
„Sie redet mit allen egal wie sie auch sind".
„Er hört sich beide Seiten an, gibt Tipps und versucht wirklich uns zu helfen".
„Er versteht die Probleme auf beiden Seiten".
An der Schulsozialarbeit ist gut: "Das es gerecht ist".

Neutralität, so wie sie von den Schülerinnen und Schülern beschrieben wird, ist insofern kein Verweis auf eine wertfreie Schulsozialarbeit, sondern vielmehr die Interpretation einer hochgradig anwaltschaftlichen und parteilichen Schulsozialarbeit, deren Anwaltschaft sich jedoch nicht a priori auf eine bestimmte Personengruppe, sondern auf die Zuständigkeit für einen konfliktfreien und gerechten Umgang miteinander bezieht. Um für dieses Ziel parteilich einzutreten, werden von der Schulsozialarbeit alle Beteiligten in die Problemlösung einbezogen und es wird gemeinsam nach Lösungen gesucht. Wo nach einer unvoreingenommenen Situationsanalyse anwaltschaftliches Handeln für Kinder und Jugendliche notwendig ist, leistet die Schulsozialarbeit dies:

„Es hat mir gefallen wie sie für mich eingesetzt hat ich bin ihr dafür sehr dankbar".
An Schulsozialarbeit ist gut, „das sie nicht immer für Lehrer/Lehrerinnen sind".
An Schulsozialarbeit ist gut, „das sie dir auch hilft wen man fast von der Schule fliegt".

Entsprechend enttäuscht sind Schülerinnen und Schüler, wenn anwaltschaftliches Handeln bei Bedarf ausbleibt. Sie formulierten folgende Wünsche an die Schulsozialarbeit:

„Mehr für die Schüler/innen da sein wenn sie Streit mit einer Lehrerin haben und nicht nach einiger Zeit sagen ich kann nichts endern".

„Sie müsste bei Problemen mit Lehrern kommen und schauen dass es gut geht".
„Ich finde es ist schon gut das es eine Schulsozialarbeiterin gibt aber sie setzt sich gar nicht vür uns ein des wegen wers besser wen jemand anderer den Posten Bekomt".

Eine besondere Rolle nehmen in diesem Kontext Probleme zwischen Schüler/innen und Lehrkräften ein. Die Schülerinnen und Schüler gaben an, dass diese Art von Problemen durch die Schulsozialarbeit für sie besser gelöst werden kann:

„Streit kann besser geschlichtet werden. Vor allem zwischen Lehrer und Schüler".
„Sie helfen Klassen bei Problemen mit Lehrern".
„Ich finde es gut zum Beispiel fals man ein Problem mit dem Lehrer hat und man kann dan mit der Schulsozialarbeiterin darüber sprechen was das Problem ist und wo ist der Problem".

Die Schülerinnen und Schüler wünschen sich somit in der Schulsozialarbeit eine 'Verbündete' und erwarten von ihr Unterstützung und Hilfe, beurteilen es aber gleichzeitig als gerecht und positiv, wenn die Schulsozialarbeit alle Beteiligten in Problemlösungen mit einbezieht und über die Schulsozialarbeit ein Konsens zum weiteren Umgang miteinander gefunden wird.

4.5 Freiwilligkeit

Die Strukturmaxime der Freiwilligkeit wird für die Schulsozialarbeit umfangreich diskutiert (vgl. dazu ausführlich: Baier 2011), denn obwohl im Fachdiskurs die besondere Bedeutung von Freiwilligkeit immer wieder ausführlich aufgezeigt wird, berichtet die Praxis von Fällen, in denen Schülerinnen und Schüler auch gegen ihren Willen zur Schulsozialarbeit 'überwiesen' bzw. vermittelt werden.

Die vorhandenen Evaluationsdaten wurden daher auf die Dimension der Freiwilligkeit hin sekundär ausgewertet. Im Folgenden werden zunächst die Perspektiven von Schülerinnen und Schülern, und anschließend die der Schulsozialarbeitenden in Bezug auf Freiwilligkeit dargestellt.

4.5.1 Freiwilligkeit aus der Perspektive der Schüler/innen

Die Schülerinnen und Schüler griffen das Thema der Freiwilligkeit von selbst in ihren Kommentaren zur Schulsozialarbeit auf. So formulierten einige von ihnen auf die Frage, was sich ändern sollte:

„Man sollte freiwillig gehen können und nicht geschickt werden, denn so etwas sollte von alleine kommen!".

„Dass man nicht wegen jedem Kleinigkeit zum sozialarbeiter geschikt wird".

„Man soll die Schüler fragen ob sie kommen wollen".

„Dass man nicht gezwungen wird, dahin zu gehen."

„Das sie uns nicht mehr Termine schikt sonder wenn wir etwas haben alleine gehen".

„Das sie sich nicht in die Probleme einmischen und kontrollieren! Sie sollte sich da raus halten das ist nicht ihr Problem".

„Das man dorthin geschikt werden muss und nicht freiwillig gehen kan. Denn ich persönlich vertraue der Schulsozialarbeit nicht und niemand kan mir helfen, dem ich nicht vertraue".

„Sie sollte weniger mit Terminen stressen".

„Ich war ein paar mal beim Schulsozialarbeiter (man hatte mich hingeschickt). Er hat bloß total Klischeehafte Ratschläge gegeben & einen absolut unangebrachten Vorschlag gebracht …weiter will isch nicht drauf eingehen…".

„Ich finde es nicht gut, wenn man gehen muss".

„Die SSA bringt nicht viel, denn man wird meistens dorthin geschickt und von alleine will man gar nicht…".

„Ich denke das sie solchen Helfen kann die von sich aus hingehen und weniger gut denen die von den Lehrern geschickt wurden".

„Das man nicht wegen dem kleinsten schon zur Beraterin muss".

Hier zeigt sich zum einen, dass unfreiwillige Kontakte zur Schulsozialarbeit wenig hilfreich sind, da sie keinem Bedarf entsprechen und nicht auf Kooperationsbereitschaft aufbauen können. Zum anderen wird deutlich, dass nicht nur die konkrete Erfahrung, gegen den eigenen Willen mit der Schulsozialarbeit in Kontakt zu kommen, negativ beurteilt wird, sondern bereits die Möglichkeit, dass so etwas prinzipiell geschehen kann, zu Unbehagen führt. In diesen Fällen steht die Außenwahrnehmung („dieses Kind braucht Hilfe" oder „jetzt muss er mal zur Schulsozialarbeit") im Widerspruch mit der Innensicht („ich brauche keine Hilfe" oder auch „ich will keine Hilfe von dir"). Kinder und Jugendliche erfahren in diesen Momenten Entmündigungsprozesse, da ihnen die Möglichkeit zum selbstbestimmten Handeln genommen wird und Situationsdefinitionen von Anderen vorgenommen werden. Grundvoraussetzungen für Hilfe sind damit untergraben.

Vor diesem Hintergrund kann die These formuliert werden, dass erfolgreiche Beratungen Freiwilligkeit voraussetzen, denn die freiwillige Nutzung von Schulsozialarbeit drückt auch einen konkreten Bedarf auf Seiten der Schülerinnen und Schüler aus, auf den die Schulsozialarbeit helfend reagieren kann.

Positive Veränderungsprozesse für die Nutzerinnen und Nutzer kommen demnach nur zustande, wenn diese Veränderungen seitens der Nutzerinnen und Nutzer auch nachgefragt werden und sie entsprechende Veränderungen zulassen. Die Frage, ob Veränderungsprozesse unter Zwang und in Unfreiheit genauso funktionieren, stellt sich in diesem Kontext nicht, da eine solche Praxis, selbst wenn sie zu Veränderungen führt, ethisch nicht zu legitimieren wäre. Freiwilligkeit, so können die Aussagen auch gedeutet werden, ist für Schülerinnen und Schüler eine Grundvoraussetzung im Rahmen von Hilfe, und wird sie gewährleistet, wird dies positiv beurteilt. Sie wird jedoch insbesondere dann zum expliziten Thema, wenn sie *nicht* gewährleistet ist. In der fehlenden Freiwilligkeit sehen die Kinder und Jugendlichen die Ursache für misslingende Beratungen.

Aus Perspektive der Schülerinnen und Schüler sind Unfreiheit und Zwang somit keine begrüßenswerten Elemente hilfreicher Praxis bzw. eher Beiträge zur Förderung von Unbehagen.

4.5.2 Freiwilligkeit aus Perspektive der Schulsozialarbeitenden

Im Folgenden wird der Frage nachgegangen, ob Schulsozialarbeitende freiwillig und unfreiwillig entstandene Beratungssituationen hinsichtlich ihres Erfolgs unterschiedlich beurteilen. Die Abschlussbeurteilung der insgesamt 267 dokumentierten Beratungsfälle wurde nicht bei allen Beratungen und teilweise selektiv ausgefüllt, so dass die entsprechenden Zahlen variieren. Geprüft wurden dafür Unterschiede in folgenden Aussagen:

- Die Situation der beratenen Person hat sich verbessert
- In der Beratung konnten die vereinbarten Ziele erreicht werden
- Ich konnte gute Ratschläge und Tipps geben
- Ich konnte eine vertrauensvolle Atmosphäre herstellen
- Waren die Beratungen aus Ihrer Sicht insgesamt erfolgreich?

Außer bei den Aussagen „Ich konnte gute Ratschläge und Tipps geben" und „die Situation der beratenen Person hat sich verbessert" (die im Folgenden nicht mehr weiter angeführt werden), unterschieden sich die Einschätzungen in allen Faktoren. In angewiesenen, also nicht freiwilligen Beratungen, gelang es den Schulsozialarbeitenden signifikant weniger häufig, eine vertrauensvolle Beziehung aufzubauen und vereinbarte Ziele zu erreichen, und die Beratung wurde signifikant häufiger als wenig erfolgreich beurteilt.[15]

---

[15] Die Signifikanz der Gruppenunterschiede zwischen freiwilligen und angewiesenen Beratungen wurde mit einem U-Test nach Mann-Whitney getestet. Folgende Items waren auf dem Niveau $p<0.01$ signifikant: „Die Situation der beratenen Person hat sich verbessert", „In der Beratung konnten die vereinbarten Ziele erreicht werden", „Die Beratung war insgesamt erfolgreich". Folgendes

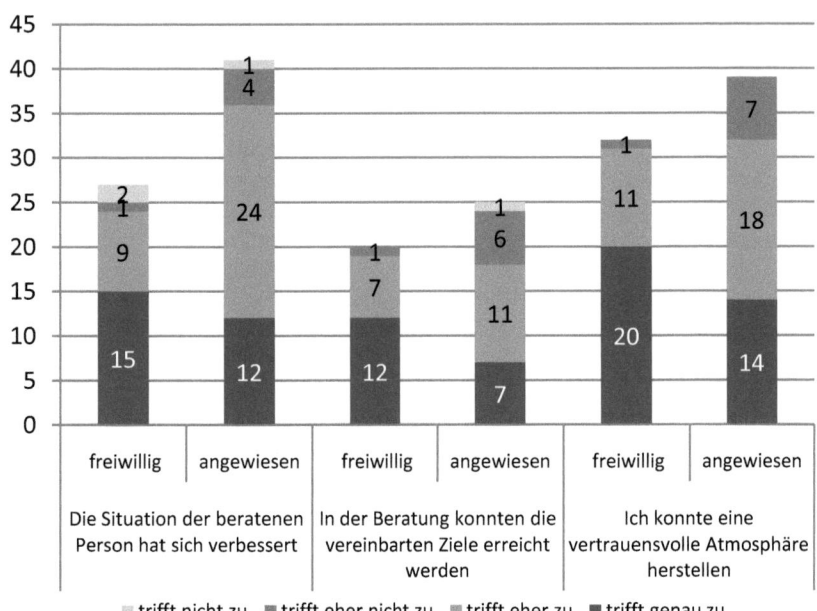

Abbildung 7: Beurteilungen der Schulsozialarbeit: Beziehungsqualitäten je nach Freiwilligkeit (N=72, 48, 73)

Item war auf dem Niveau p<0.05 signifikant: „Ich konnte eine vertrauensvolle Atmosphäre herstellen".

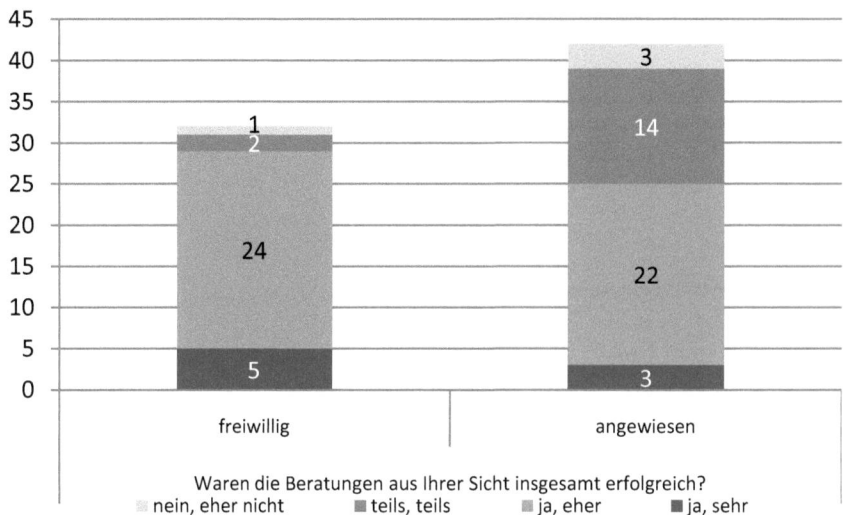

Abbildung 8: Beurteilungen der Schulsozialarbeit: Erfolg je nach Freiwilligkeit (N=74)

Die Schulsozialarbeitenden beurteilen freiwillige Beratungen fast ausnahmslos positiv, sowohl in Bezug auf Beziehungsaspekte als auch auf den Erfolg der Beratung. Bei angewiesenen Beratungen sind die Beurteilungen in (je nach Frage) 60 bis 90% positiv. Angewiesene Beratungen können demnach einen positiven Verlauf nehmen, der geprägt ist von einer Atmosphäre des Vertrauens, in welcher die anvisierten Ziele erreicht werden und sich die Situation der Beratenen insgesamt verbessert. Bei einem Teil der angewiesenen Beratungen ist jedoch kein positiver Beratungsverlauf zu beobachten.

4.5.3 Umgang mit Freiwilligkeit als lokale Handlungspraxis

Wie viele Beratungen freiwillig und wie viele angewiesen sind, unterscheidet sich je nach Standort. Sowohl die Antworten der Schüler/innen als auch der Schulsozialarbeitenden variieren je nach Schulhaus.

In der Vollbefragung der Schülerinnen und Schüler wurde gefragt, wie eine Beratung zustande kam, falls bereits eine Beratung durch die Schulsozialarbeit stattgefunden hat. 537 von insgesamt 1527 Schülerinnen und Schülern gaben an, schon einmal beraten worden zu sein, 348 beantworteten die Frage, ob sie die

Beratung freiwillig oder unfreiwillig besucht hatten. Diese Antworten unterscheiden sich an den verschiedenen Standorten in signifikanter Weise ($p<0.05$): Während an den Standorten C und E die meisten Schülerinnen und Schüler angaben, dass die Beratung freiwillig erfolgt sei, war am Standort D die Zahl der freiwilligen und der unfreiwilligen Beratungen in den Antworten der Kinder und Jugendlichen ausgeglichen.

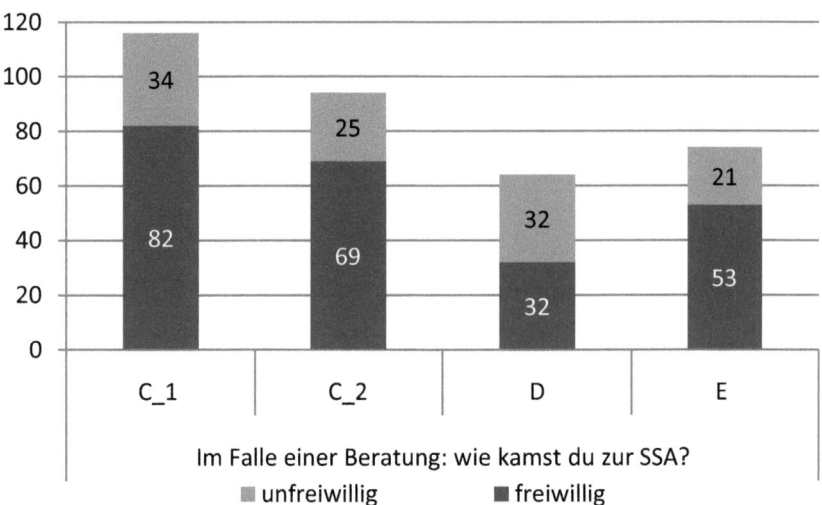

Abbildung 9:   Freiwilligkeit aus Sicht Schüler/innen (N=348)

Im Folgenden werden die Angaben der Schulsozialarbeitenden ausgewertet. Die Auswertung der Falldokumentationen der Schulsozialarbeitenden veranschaulicht die Vielfalt, durch die Kontakte zur Schulsozialarbeit entstehen können.

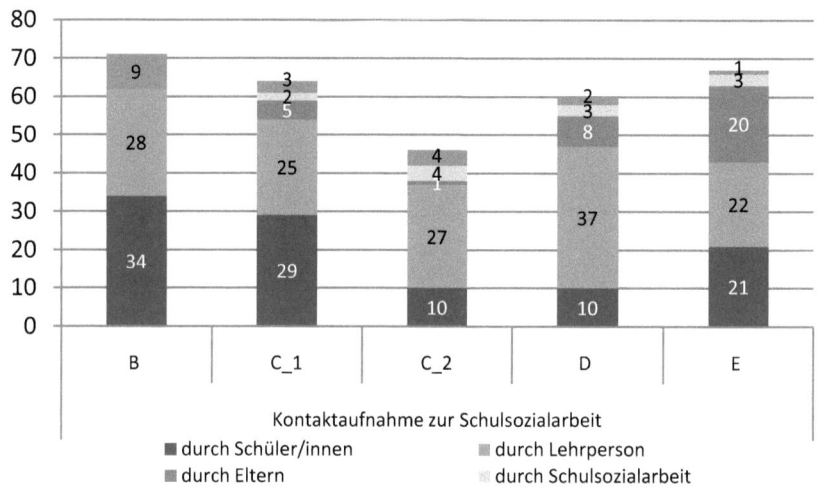

Abbildung 10: Kontakte zur Schulsozialarbeit vermittelnde Personen (N=237)

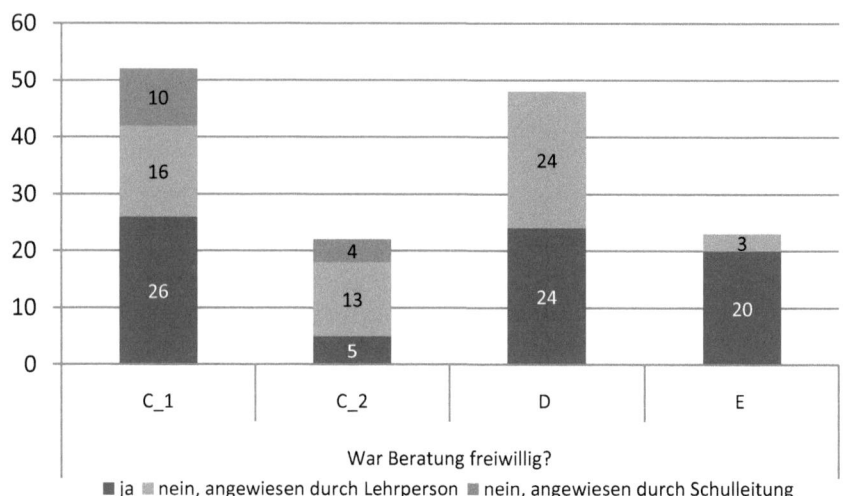

Abbildung 11: Freiwilligkeit aus Sicht Schulsozialarbeitende (N=145)

Die Unterschiede in den beiden Abbildungen weisen darauf hin, dass in der Beurteilung der Schulsozialarbeitenden ein Kontakt zu Schulsozialarbeit keineswegs vom Schüler bzw. einer Schülerin ausgehen muss, um freiwillig zu sein. In einer beträchtlichen Zahl der Fälle scheint eine Lehrkraft die Schulsozialarbeit kontaktiert zu haben, jedoch im Einverständnis der Schülerinnen und Schüler. Die Einschätzung, wie viele Beratungen freiwillig geschahen, unterscheidet sich in signifikanter Weise von Schulhaus zu Schulhaus ($p<0.05$)[16]: während am Standort E die Schulsozialarbeit fast alle Beratungen als freiwillig kategorisierte, war am Standort C_2 die Mehrheit der Beratungen angewiesen.

Nicht eindeutig interpretierbar sind die Unterschiede in den Antworten durch Schülerinnen und Schüler und durch die Schulsozialarbeit. So kategorisierte die Schulsozialarbeit am Standort C_2 fast alle Beratungen als unfreiwillig, in der Schüler/innenbefragung wird hingegen die Mehrzahl der Beratungen als freiwillig angegeben. Für die Unterschiede sind zwei Erklärungen denkbar: Zum wurden nicht zu allen Fällen Abschlussbeurteilungen durch Schulsozialarbeitenden vorgenommen. So ist vorstellbar, dass die Schulsozialarbeit am Standort C_2 bei den angewiesenen Beratungen ein höheres Interesse an einer Abschlussbeurteilung hatte als bei freiwilligen Beratungen. Zum anderen besteht die Möglichkeit, dass Schulsozialarbeit und Schülerinnen und Schüler unterschiedliche Vorstellungen von 'Freiwilligkeit' haben. So könnte es sein, dass Schülerinnen und Schüler mit 'freiwillig' einen emotionalen Zustand beschreiben (im Gefühl von Autonomie und Handlungsfähigkeit), Schulsozialarbeitende hingegen formale Abläufe beschreiben.

4.6 Niederschwelligkeit

Schulsozialarbeit wird in nahezu allen Konzepten als niederschwellige Form der Hilfe charakterisiert. In den Kommentaren der Schülerinnen und Schüler taucht diese Strukturmaxime als ein weiterer Schlüsselaspekt auf.

An den zwei Standorten, an denen sich die Schulsozialarbeitenden besonders um Niederschwelligkeit bemühten, spiegelt sich dies auch in den Rückmeldungen der Schülerinnen und Schüler wider. An diesen Standorten sehen es die Schulsozialarbeitenden als zentral an, auch in den Pausen anwesend zu sein und ein kollegiales Verhältnis zu pflegen, indem sie auch mal Späße machen oder Fußball spielen. Dies wird in den offenen Antworten sehr positiv hervorgehoben. Gleichzeitig kommentieren die Schülerinnen und Schüler an diesen Standorten auch die Persönlichkeit der Schulsozialarbeitenden häufiger als in den anderen Gemeinden (und vorwiegend positiv). Inoffizielle Kontaktaufnahmen vor und

---

[16] Die Signifikanz wurde mit einem Mann-Whitney-U-Test geprüft.

nach der Schule sowie in den Pausen scheint die Schulsozialarbeitenden erst richtig sichtbar zu machen. Auch auf diese Weise leisten Schulsozialarbeitende somit einen Beitrag zur Niederschwelligkeit, denn es wird für die Schülerinnen und Schüler einfacher, Kontakt mit der Schulsozialarbeit aufzunehmen, wenn die Person hinter der Funktion bekannt ist. Folgende Zitate veranschaulichen diesen Schwellenabbau durch formlose Kontaktpflege. Auf die Frage, was sie an der Schulsozialarbeit gut finden, antworteten Schülerinnen und Schüler:

> „Ich finde es toll dass die Schulsozialarbeiterin da ist. In der Pause kommt sie zu uns und redet mit uns und erzählt uns Witze. Aber es ist besonders, dass wenn meine freunde Probleme haben, können sie zur Schulsozialarbeiterin gehen!".
> „Das sie oft ihn den Pausen hier ist und ihre Kinder (Kunden) fragt wie es geht ob er oder sie weniger Probleme hat".
> „Das er den Kontakt gezielt zu uns sucht".
> „Sie weiß die Namen der ganzen Schule, sie ist einfach toll".
> „Ich finde es gut dass er manchmal in der Pause Kontakt mit uns aufnimmt".
> „Sie ist immer für uns da".

Entsprechend wünschen sich Schülerinnen und Schüler, die keine solchen Kontakte erlebten, auch mehr Präsenz von der Schulsozialarbeit. Niederschwelligkeit bedeutet für die Schülerinnen und Schüler einerseits eine hohe zeitliche Präsenz der Schulsozialarbeit im Schulhaus, aber auch bedarfsgerechte Erreichbarkeit, indem sich die Schulsozialarbeit im Schulalltag als Ansprechpartnerin sichtbar macht und selbst Kontakte initiiert:

> „Sie sollte mit jedem Schüler/in reden weil ein paar Kinder trauen sich nicht zu ihr zu gehen und über Probleme reden".
> „Wenn ich ihn were würde ich all Monat in die Klassen gehen und nach Problemen fragen".
> „Sie sollte mehr im Büro in unserem Schulhaus sein".
> „Sollte öfter bei uns auf dem Pausenhof sein".
> „Das sie noch mehr erreichbar sind. Fielleicht mehr hier an der Schule".
> „Ich fände es gut, wenn man auch ohne Wochenlang vorher einen Termin zu vereinbaren, zu ihr gehen zu können".

Einige Schülerinnen und Schüler begrüßten gewährleistete Niederschwelligkeit bei der Frage danach, was ihnen besonders gefällt, gesamthaft als positiv:

> „Dass sie im Haus sind, und man dadurch gleich zu ihm gehen kann".
> „Es ist ganz einfach zur Schulsozialarbeit zu gehen. Man muss keine Angst haben".
> „Sie ist für alle Kinder an der Schule da und nimmt sich auch bei Problemen viel Zeit sie zu besprechen. Sie fragt auch von sich aus wie es einem geht oder auch persönliche sachen wie z.B. Lehrstelle suchen usw.".

„Sie nimt sich auch spontan Zeit, was ich sehr gut finde".

Aus anderen Aussagen hingegen wurde deutlich, welche Schwellen Kinder und Jugendliche auf dem Weg zur Nutzung von Schulsozialarbeit zu überwinden haben.

> „Also wenn ich zur Schulsozialarbeit gehe, weiß ich nicht, wie ich anfangen soll zu reden. Sonst hab ich kein Problem".
> „Ich finde es gut das wir eine Schulsozialarbeit in der Schule haben. Aber wen ich ein Problem habe was mich angeht, kann ich nicht im Schulsozialarbeit lösen. Ich traue mich nicht".

Die Fremdheit der Situation an sich ist demnach eine Schwelle: sich nicht trauen, einer fremden Person gegenüber die eigene Hilfsbedürftigkeit zu äußern und nicht wissen, wie die eigene Befindlichkeit in Worte gefasst werden kann.

Die Schulsozialarbeit wäre im Sinne von Niederschwelligkeit entsprechend dazu herausgefordert, solche Schwellen durch Informationen und Beziehungsaufbau abzubauen. Niederschwelligkeit bedeutet demnach nicht nur, dass die Schulsozialarbeit räumlich im Schulhaus angesiedelt ist und zeitlich schnell verfügbar ist. Niederschwelligkeit beinhaltet vor allem auch, sensibel für individuelle 'Schwellen' auf Seiten der Schülerinnen und Schüler zu sein und diese durch geeignete Mittel, wie z.B. formlose und lockere Kontakte abzubauen.

5 Wirkungen und Nutzen von Schulsozialarbeit

Für Handlungsfelder Sozialer Arbeit wird in den letzten Jahren immer häufiger die Wirkungsfrage gestellt. Dies hängt nicht nur mit Professionalisierungsabsichten, sondern insbesondere auch mit Kontrollbestrebungen und Ökonomisierungsstrategien zusammen, im Rahmen derer soziale Dienstleistungen ihren Wert und ihre Notwendigkeit über Wirkungen legitimieren müssen. So kritisch das neue Denken in und Messen von Wirkungen auch zu sehen ist, so wenig muss sich Schulsozialarbeit offenbar davor fürchten. So hob Landert bereits 2002 in einer Evaluation im Kanton Zürich hervor, dass „die Wirksamkeit der Schulsozialarbeit in Bezug auf den beruflichen Alltag der Lehrpersonen, das Schul- und kollegiale Klima, die Situation der betroffenen Kinder sowie zunehmend eines Quartiers so augenfällig sind, dass der Projektstatus von Schulsozialarbeit aufgegeben werden konnte" (vgl. Landert 2002, S. 13). In mehreren Publikationen wurden in den letzten Jahren der Nutzen und die Wirkungen von Schulsozialarbeit differenziert aufgezeigt (vgl. insbesondere Olk/Speck 2009, 2010; Baier 2008; Schumann et al. 2006; Streblow 2005; Seithe 1998).

Die den vorliegenden Analysen zu Grunde liegenden Evaluationen waren nicht explizit als Wirkungsevaluationen konzipiert. Dennoch wurde in den Evaluationen den Fragen nachgegangen, zu welchen Veränderungen Schulsozialarbeit beigetragen hat und welchen Nutzen verschiedene Beteiligte von der Schulsozialarbeit hatten. Im Folgenden werden Befunde aus den Evaluationen dargestellt, die auf Wirkungen schließen lassen.

5.1 Veränderungen aus verschiedenen Perspektiven

An den evaluierten Standorten haben sich durch Aktivitäten von Schulsozialarbeit das Schulklima, das Wohlbefinden und der Umgang der Schülerinnen und Schüler sowie der Lehrkräfte mit sozialen und persönlichen Problemen positiv verändert. Diese Veränderungen werden im Folgenden dargestellt.

Folgende Abbildung zeigt Aussagen von Schülerinnen und Schülern, die eine Beratung seitens der Schulsozialarbeit genutzt haben. Insgesamt liegen 159 Fragebögen vor. Die Schülerinnen und Schüler beurteilen die Veränderungen durch die Beratung als insgesamt sehr positiv.

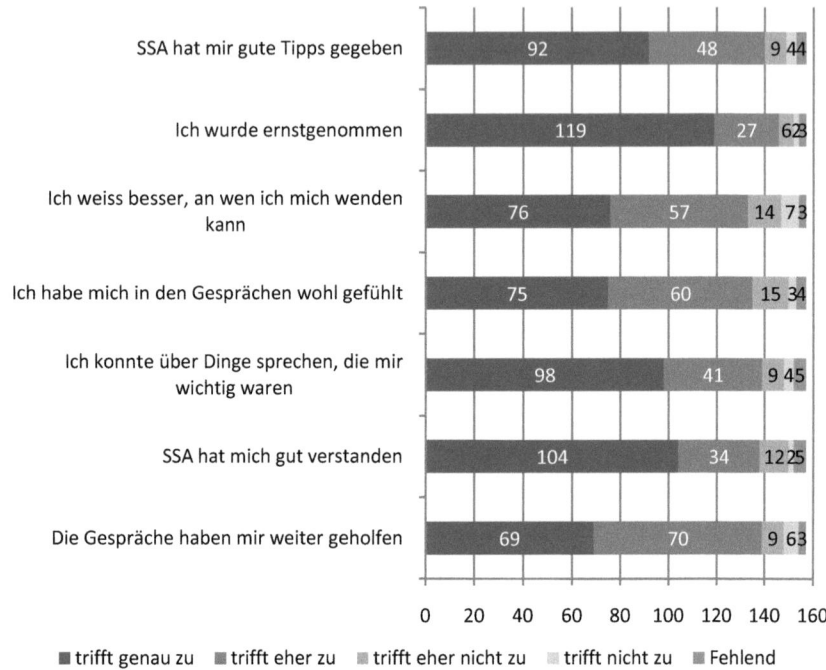

Abbildung 12: Wirkung aus Sicht der Beratenen (N= 152-154)

Die antwortenden Schülerinnen und Schüler zeigten eine insgesamt hohe Zufriedenheit mit verschiedenen Aspekten der Beratung. Insgesamt fast 90% sagten, die Gespräche hätten ihnen weitergeholfen und das Problem habe sich ganz oder teilweise gelöst.

Auch in der Perspektive der Schulsozialarbeitenden zeigt sich ein insgesamt positives Bild. Sie sehen in der Mehrheit aller Fälle die vereinbarten Ziele als erreicht und die Situation der beratenen Person als verbessert an. Von den insgesamt 267 dokumentierten Beratungen liegen je nach Item unterschiedlich viele Antworten vor.

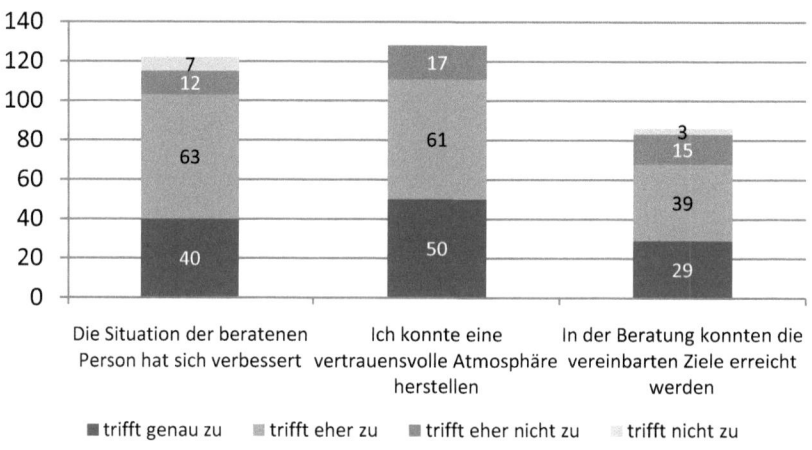

Abbildung 13: Wirkung einer Beratung aus Sicht Schulsozialarbeitende (N=86, 128, 122)

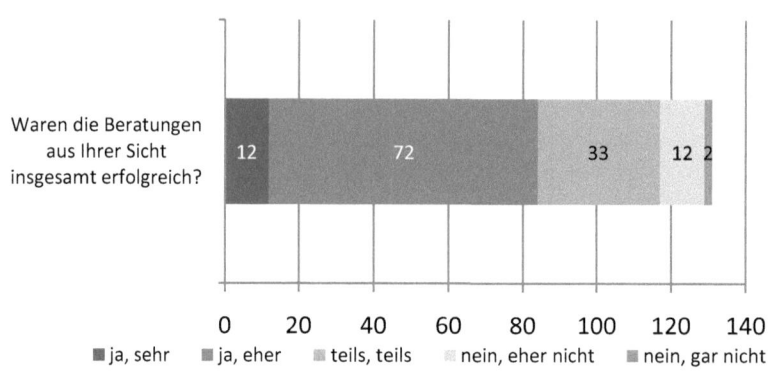

Abbildung 14: Erfolg einer Beratung aus Sicht Schulsozialarbeitende (N=133)

Die Schulsozialarbeitenden sahen 64% aller Beratungen als sehr oder eher erfolgreich an, 25% als teils erfolgreich, und 10 % als eher nicht oder gar nicht

(1,5%) erfolgreich. Auch die Einschätzung, inwiefern sich ein Problem im Anschluss an eine Beratung gelöst habe, ergibt ein äußerst positives Bild.

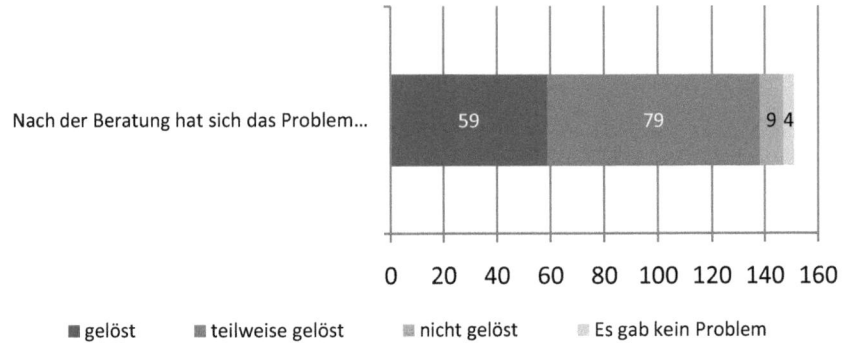

Abbildung 15: Problemlösung nach einer Beratung aus Sicht
Schulsozialarbeitende (N=151)

Die Lehrkräfte (N=191) sehen den größten Nutzen von Schulsozialarbeit darin,
dass ihre eigene Handlungssicherheit gestiegen ist (59,6% stimmen sehr oder
eher zu). Rund die Hälfte der Lehrkräfte gibt an, dass die Schulsozialarbeit Probleme bearbeitet, die bisher nicht bearbeitet wurden und erlebt durch die Schulsozialarbeit neue Impulse, um die eigene Arbeit zu gestalten. Ca. 30% aller Lehrkräfte sehen darüber hinaus eine konkrete Veränderung in der Hinsicht, dass
Konflikte unter Schüler/innen sowie zwischen Schüler/innen und Lehrkräften
abgenommen haben und dass es für Lehrkräfte einfacher wurde, die soziale Situation von Schülerinnen und Schülern zu verstehen.

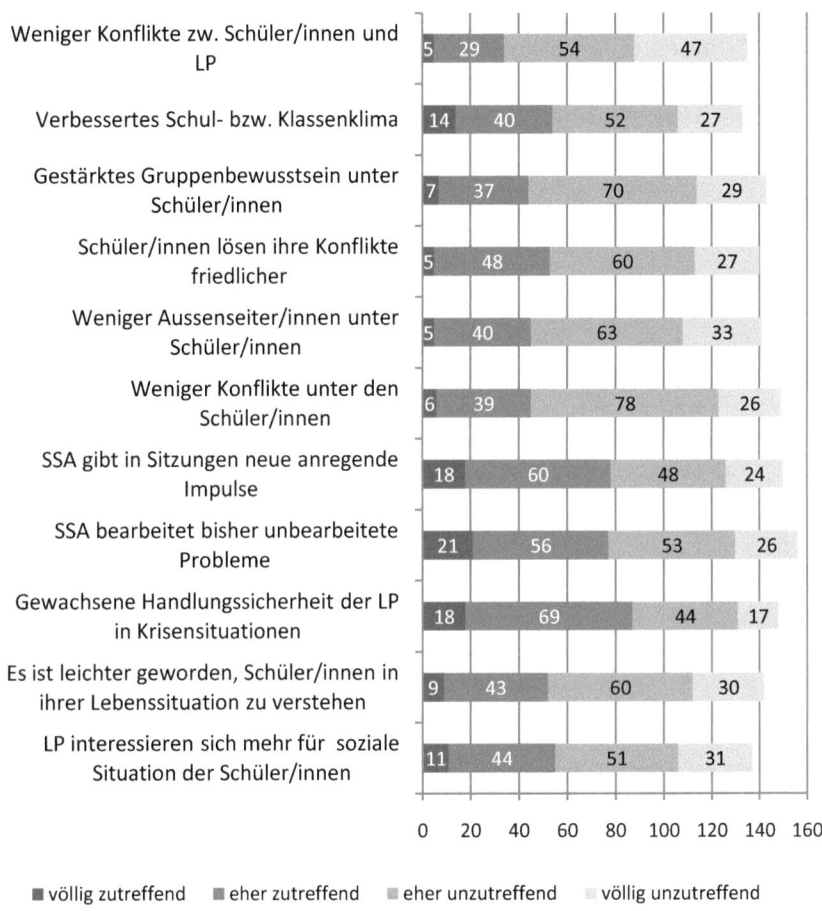

Abbildung 16: Beurteilung Veränderungen durch Lehrkräfte (N=129-151)

Die Aussagen der Schülerinnen und Schüler sowie der Lehrkräfte lassen sich so zusammenfassen, dass Schulsozialarbeit auf verschiedenen Ebenen für unterschiedliche Personen sowie in Bezug auf unterschiedliche Themenbereiche erwünschte Veränderungen erzielt, die von den Beteiligten positiv beurteilt werden. Allerdings zeigen die erhobenen Daten auch, dass Schulsozialarbeit nicht alleine dazu beiträgt, dass sich alles zum Allerbesten wandelt. So verringert sich beispielsweise aus Sicht der Lehrkräfte mit der Einführung von Schulsozialarbeit die Zahl der Konflikte im Schulkontext nicht unbedingt. Schulsozialarbeit ist somit nicht als alleinige Komplettlösung für jegliche persönlichen und sozialen Probleme in der Schule zu verstehen. Wirkungen von Schulsozialarbeit sind vielmehr als *relevante Beiträge* zur Bewältigung komplexer Herausforderungen zu verstehen.

5.2 Differenzierte Analysen zur Wirkung

Einzelfallbezogene Beratungen in der Schulsozialarbeit sind immer wieder neu zu gestaltende und zunächst ergebnisoffene Interaktionen und Kommunikationen, die sich für die Beteiligten unterschiedlich darstellen können. Daraus können nicht nur einzelfallbezogene, sondern durchaus auch lokale Unterschiede resultieren. Im Folgenden werden daher die Beratungssituationen aus verschiedenen Perspektiven heraus nach Standort differenziert rekonstruiert.

Von den Standorten C, D und E liegen Beurteilungen von Beratungen vor, die Schülerinnen und Schüler nach einer Beratung abgegeben haben. Der Rücklauf dieser retrospektiven Beurteilungen war jedoch je nach Gemeinde unterschiedlich (Gemeinde C 121, Gemeinde D 21, Gemeinde E 15 Fragebögen).

Zunächst werden diese Daten hinsichtlich der Frage untersucht, ob sich die Zufriedenheit der Schülerinnen und Schüler nach Standort unterscheidet. Ein Vergleich der Antworten nach Standort (Ortschaft) ergab hinsichtlich der Zufriedenheit mit der Beratung keine signifikanten Unterschiede. Wenn jedoch nach Schulhaus unterschieden wird, zeigen sich signifikante Unterschiede in mehreren Faktoren. Geprüft wurden folgende Items (mit Angabe des Signifikanzniveaus):

- Die Gespräche haben mir weiter geholfen ($p < .01$)
- SSA hat mich gut verstanden ($p < .001$)
- Ich konnte über Dinge sprechen, die mir wichtig waren ($p < 0.05$)
- Ich habe mich in den Gesprächen wohl gefühlt (n.s.)
- SSA hat mir gute Tipps gegeben ($p < 0.001$)
- Ich wurde ernst genommen ($p < .001$)
- Die Situation hat sich nach der Beratung positiv entwickelt ($p < 0.01$)

Die Abbildungen 17 bis 19 geben eine Übersicht, wie Schülerinnen und Schüler in den verschiedenen Schulhäusern den Effekt der Beurteilung beurteilten.[17]

---

[17] Die Signifikanzen wurden mit dem Kruskal-Wallis U-Test geprüft.

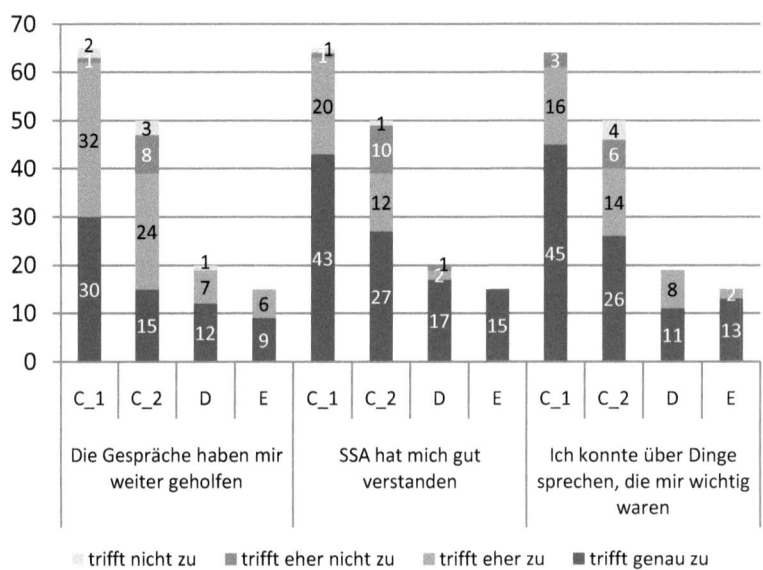

Abbildung 17: Beurteilung von Beratungen durch beratene Schüler/innen I
(N=150, 150, 148)

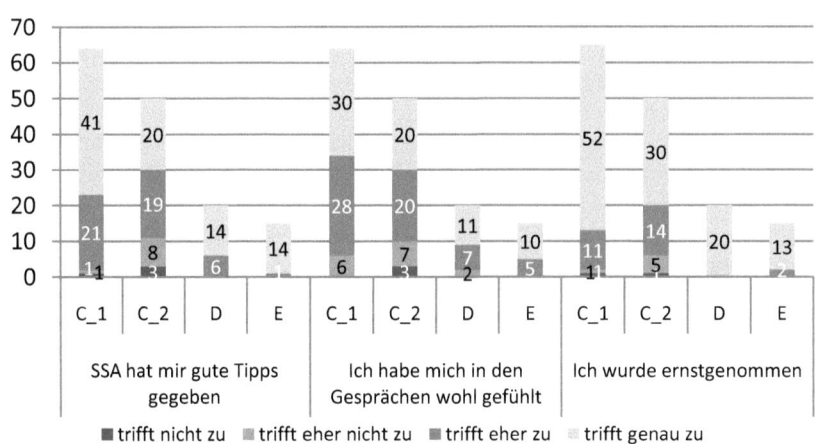

Abbildung 18: Beurteilung von Beratungen durch beratene Schüler/innen II
(N=149, 148, 149)

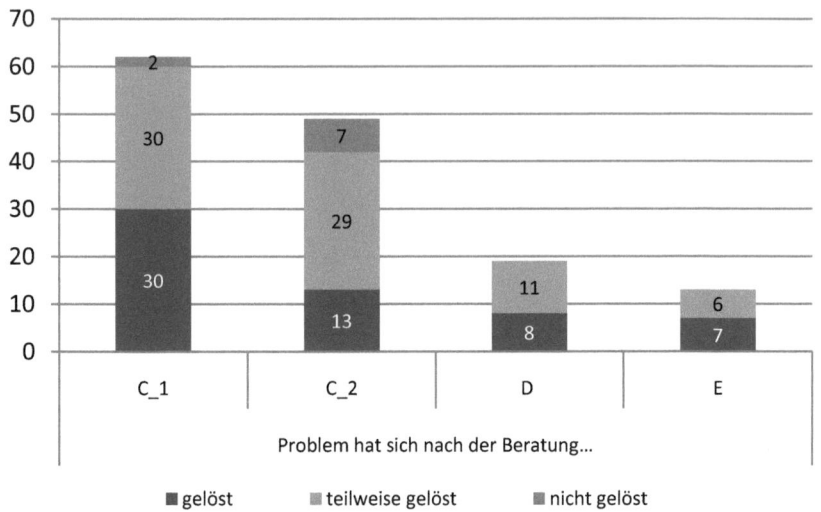

Abbildung 19: Beurteilung von Beratungen durch beratene Schüler/innen III
(N=147)

Abgesehen von der Frage, wie wohl sich die Schülerinnen und Schüler in der
Schulsozialarbeit fühlten, zeigen sich bei den verwendeten Indikatoren signifikante Unterschiede in der Beurteilung je nach Schulhaus. Der Erfolg einer Beratung wird von den Schülerinnen und Schülern im Schulhaus Gemeinde C_2
insgesamt als geringer eingestuft als in den anderen Schulhäusern.

Neben den Schülerinnen und Schülern, die im Anschluss einer Beratung eine Beurteilung über die Schulsozialarbeit abgaben, wurde in der Vollbefragung
aller Schülerinnen und Schüler auch noch einmal gefragt, ob sie eine Beratung in
Anspruch genommen haben. Bei den Schülerinnen und Schüler, die dies bejah-
ten, zeigten sich keine signifikanten Unterschiede bei einer Differenzierung nach
Standorten:

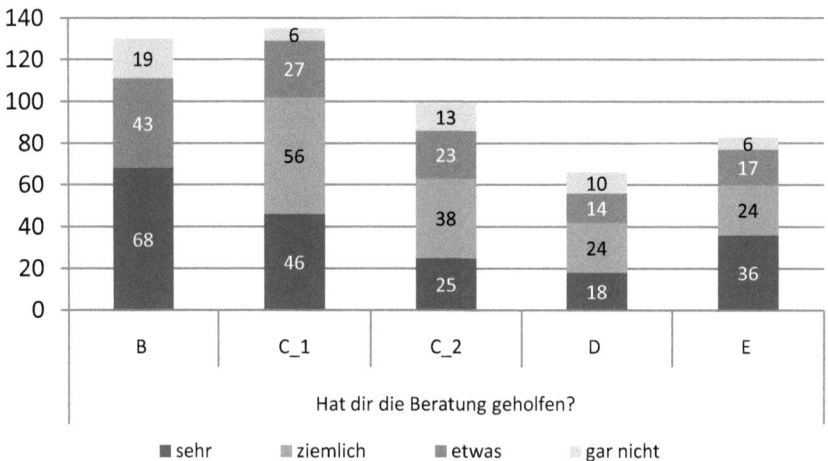

Abbildung 20: Beurteilung von Beratungen durch Schüler/innen
(Vollbefragung, N=513)

Bezüglich der Frage, ob die Schulsozialarbeitenden in den Abschlussbeurteilungen zu unterschiedlichen Einschätzungen gelangen, ist zu berücksichtigen, dass die Datenbasis insofern unsicher ist, als dass nur in (je nach Frage) einem Drittel bis der Hälfte aller erfassten Beratungen eine Abschlussbeurteilung vorgenommen wurde und insbesondere vom Schulhaus C_2 nur eine geringe Anzahl Schlussbeurteilungen vorliegt. Eine Prüfung je nach Schulhaus ergab keine signifikanten Unterschiede zwischen den Standorten, außer bei der Frage danach, ob es gelangt, eine vertrauensvolle Atmosphäre herzustellen. Diesbezüglich war die Selbstbeurteilung am Standort E positiver als an den anderen Standorten (p<0.05).

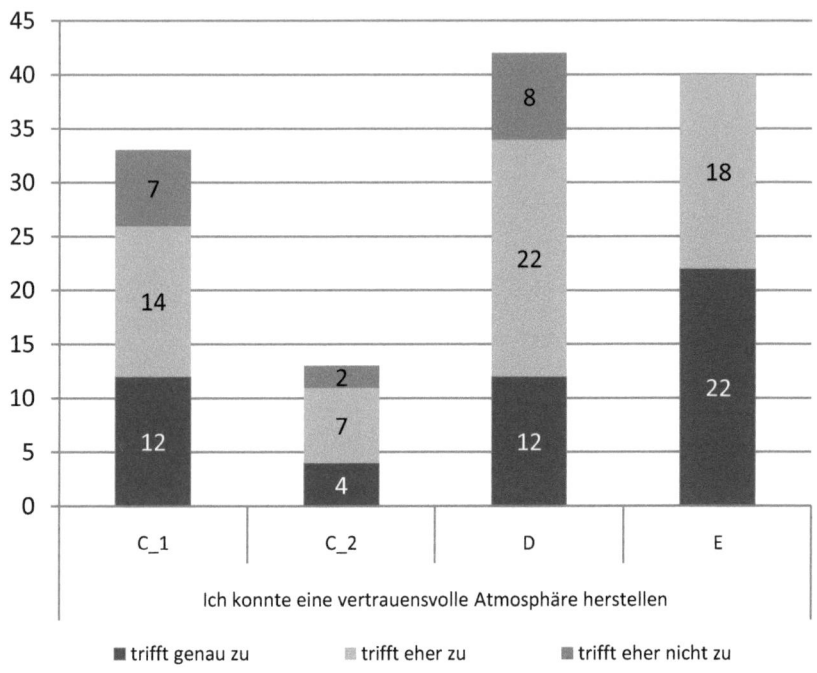

Abbildung 21: Beurteilung Atmosphäre aus Sicht Schulsozialarbeitende
(N=101)

Als letzte Quelle werden im Folgenden die Antworten der Lehrkräfte, differenziert nach Standort, daraufhin untersucht, ob sie die Veränderungen im Schulhaus durch Schulsozialarbeit unterschiedlich beurteilen. Diese Einschätzungen liegen von allen Evaluationsstandorten vor. Dabei zeigen sich große Unterschiede. Exemplarisch werden in den Abbildungen 22 bis 24 einige Antworten dargestellt. Während beispielsweise am Standort C_1 mehr als 90% aller Lehrkräfte der Aussage zustimmen, sie hätten durch die Schulsozialarbeit in Krisensituationen eine höhere Handlungssicherheit erhalten, stimmen am Standort A nur etwa 20% dieser Aussage zu. Insgesamt beurteilen die Lehrkräfte an den Standorten A und B die Schulsozialarbeit deutlich negativer als an den Standorten C, D und E.

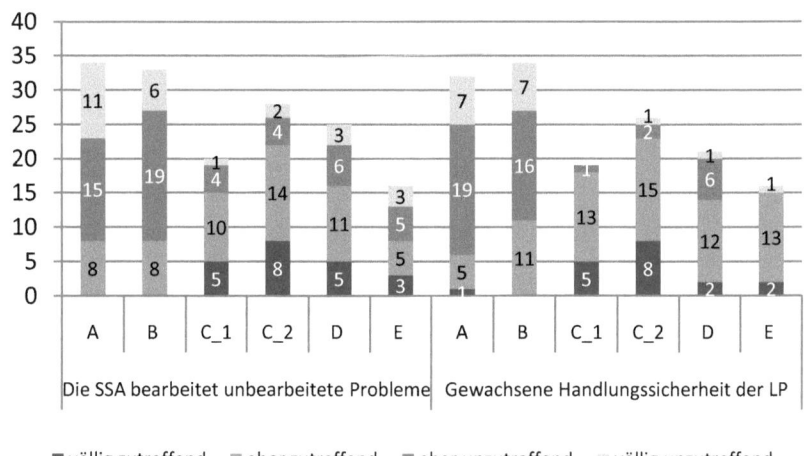

Abbildung 22: Beurteilung durch Lehrkräfte nach Standort I (N=157, 151)

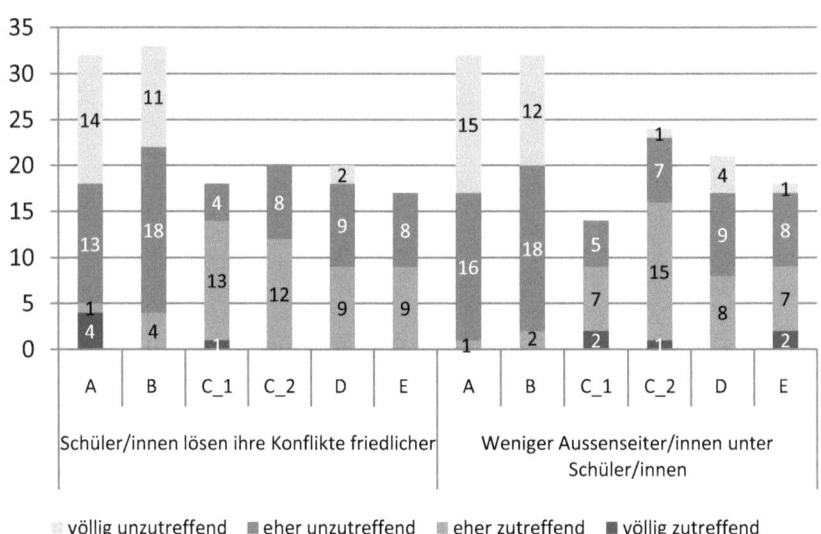

Abbildung 23: Beurteilung durch Lehrkräfte nach Standort II (N=147, 145)

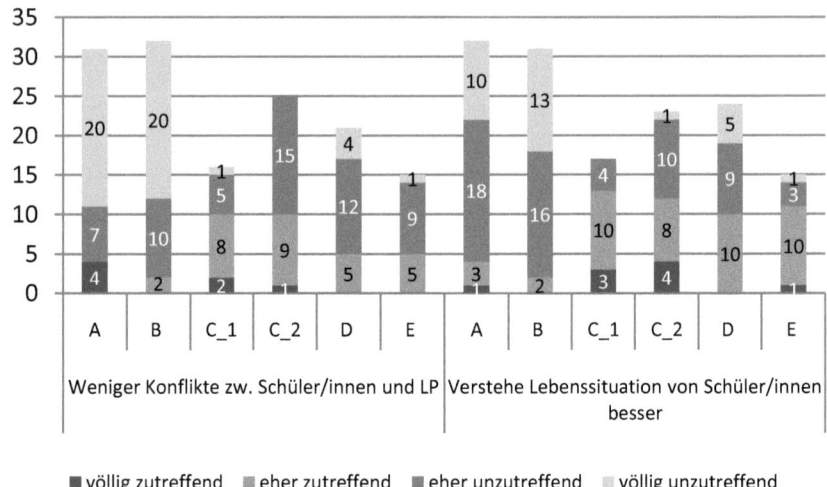

Abbildung 24: Beurteilung durch Lehrkräfte nach Standort III (N=139, 146)

In den offenen Antworten zeigt sich, dass nur sehr wenige Lehrkräfte der Schulsozialarbeit eine geringe Wirkungskraft zuschreiben. In der Mehrheit aller Fälle werden Strukturen und Arbeitsbedingungen der Schulsozialarbeit als Gründe für nicht optimale Ergebnisse angeführt. An einem Standort, an dem der Erfolg der Schulsozialarbeit aus Sicht der Lehrkräfte insgesamt eher gering war, war das vorherrschende Thema in den offenen Antworten die fehlende Handlungskompetenz der Schulsozialarbeit:

„SSA wird von Behörden nicht ernst genommen, hat keine Befugnisse".
„Sie haben ja keine Chance sich zu etablieren!".
„Entgegen der Fachkompetenz, hatten die Schulsozialarbeiterinnen eine sehr geringe Handlungskompetenz".
„SSA hat zu wenig Kompetenz und zu wenig Zeit".
„Die Schulsozialarbeit hat sich nicht bewährt bei uns. Sie wurde nicht mehr zur Kenntnis genommen".

Hier werden ausbleibende Wirkungen und unerfüllte Erwartungen demnach nicht einzig der Schulsozialarbeit angelastet. Vielmehr beziehen sich die Lehrkräfte auf die Kontexte, innerhalb derer die Schulsozialarbeit tätig ist und die die Entfaltung von Wirkungen beeinflussen. Der Einfluss von Rahmenbedingungen auf die Praxis der Schulsozialarbeit wird jedoch nicht nur für Lehrkräfte sichtbar, sondern auch Schülerinnen und Schüler thematisierten problematische Kontexte, die die Wirksamkeit von Schulsozialarbeit beeinträchtigten. Folgendes Zitat eines Schülers verdeutlicht dies:

> „Keineswegs ist es die Verschuldung des Schulsozialarbeiters, sondern vielmehr die gewisser Lehrkräfte die mit der SSA und etwaigen weiteren Konsequenzen ihre Macht demonstrieren, dass die SSA weit weniger unter ihrem Arbeitspotential von den Schülern genutzt wird".

An einem anderen Standort wurde aus Sicht der Lehrkräfte das Konzept der Schulsozialarbeit zu wenig deutlich kommuniziert. Die Lehrkräfte begründen demnach ihr (eher kritisches) Fazit über die Schulsozialarbeit damit, dass Regelungen zur Zusammenarbeit zwischen Schule und Schulsozialarbeit unklar waren. Auch an anderen Standorten wurde betont, dass die Schulsozialarbeit auf eine gute Zusammenarbeit mit der Schulleitung und Lehrkräften angewiesen sei, damit sie ihre Arbeit gut machen könne:

> „Grenzen liegen bei der Schulleitung (konfliktunfähig)".
> „Schule, Schulsozialarbeit, Heilpädagogik, Erziehungsberatung, etc. funktionieren nur, wenn gemeinsame Ziele verfolgt werden. Dazu sind gleiche, zumindest aber ähnliche Werte notwendig. Es gibt keine wertfreie Pädagogik (Erziehung). Falls diese Voraussetzung nicht gegeben ist, drehen sich die Instanzen im Kreis => Ineffizienz macht sich breit. Die Instanzen werden zum Spielball der Kundschaft".
> „Bin zufrieden, so wie es ist. Ich habe aber das Gefühl, dass unser Team nicht unbedingt SSA-fähig ist…".

Das Bild, das sich aus den verschiedenen Befragungen der Schülerinnen und Schüler und Lehrkräfte sowie aus den Aufzeichnungen der Schulsozialarbeit ergibt, spiegelt sich auch in den Interviews, die mit den Schulsozialarbeitenden, Schulleitungen und den involvierten Behörden geführt wurden, wider. In den Interviews an den Standorten A, B und C_2 wurden ausführlich Probleme in der Zusammenarbeit zwischen Schule und Schulsozialarbeit, mehrdeutige Aufträge und unklare oder überzogene gegenseitige Erwartungen geschildert. Die Schulsozialarbeitenden fühlten sich an diesen Standorten durch die Schulleitungen nur wenig unterstützt und in ihrer Fachlichkeit durch die Lehrkräfte nicht verstanden. Die Schulleitungen und die Behörden teilten die grundsätzliche Einschätzung der Schulsozialarbeit, dass die Zusammenarbeit zwischen Schule und Schulsozialarbeit wenig optimal sei (aus durchaus verschiedenen Gründen, aber mit ähnlichen Ergebnissen). In den Interviews an den Standorten C_1, D und E berichteten alle Beteiligten vorwiegend von positiven Erfahrungen. Grundlage dafür war aus

Sicht der Beteiligten, dass sich Schule und Schulsozialarbeit als unterschiedliche, aber gleichwertige Partner betrachteten. Die Zusammenarbeit wurde als herausfordernd und nicht immer einfach, aber grundsätzlich bereichernd, entsprechend wertvoll und gelingend wahrgenommen.

Die Handlungsfähigkeit von Schulsozialarbeit sowie ihre Wirksamkeit sind demnach an Rahmenbedingungen gebunden. An den Standorten, wo sich Schulsozialarbeitende und Schule (Schulleitungen, Lehrkräfte) in ihrer unterschiedlichen Fachlichkeit schätzen, gelingt Zusammenarbeit und hat Schulsozialarbeit bei Schülerinnen und Schülern einen positiven Ruf. An Standorten, wo grundlegende Rahmenbedingungen für Schulsozialarbeit nicht oder nur eingeschränkt vorhanden sind (z.B. geringer Personalschlüssel, keine Kooperationsbereitschaft der Lehrkräfte) wird das Ergebnis sowohl von Seiten der Lehrkräfte wie auch seitens der Schüler/innen kritischer und als deutlich weniger wirksam angesehen.

5.3 Spread-Effekte als Verstärker von Erfolgen und Misserfolgen

Werden die im Rahmen der Evaluationen erhobenen qualitativen und quantitativen Daten in Bezug auf die Frage nach Wirkungen von Schulsozialarbeit ausgewertet, so zeigt sich ein besonderer Effekt, der im Folgenden als Spread-Effekt bezeichnet wird. Der Spread-Effekt dokumentiert eine besondere Form der Verbreitung von Wirkungen von Schulsozialarbeit. Er beschreibt das zunächst paradox anmutende Phänomen, dass Schulsozialarbeit auch auf Menschen, die selbst noch gar nicht in direkter Interaktion mit der Schulsozialarbeit standen, Wirkungen haben kann (vgl. auch Baier 2010). Insbesondere bei Schülerinnen und Schülern sowie Lehrkräften zeigten sich solche Formen von Wirkungen.

Folgende Rückmeldungen von Schülerinnen und Schülern stammen aus offenen Kommentarmöglichkeiten der quantitativen Befragungen und verdeutlichen, dass diese Schülerinnen und Schüler indirekte emotional positive Erfahrungen mit Schulsozialarbeit machten, obwohl sie selbst gar nicht die primär hilfesuchende Person waren:

„Ich finde die Schulsozialarbeit gut, auch wenn ich sie nie benötigt habe. Denn sie hat schon einer Mitschülerin bei Problemen geholfen".
„Es ist ein gutes Gefühl, zu wissen, dass es im Falle eines Falles, also in `schwerster Not´ eine Möglichkeit gibt, das Problem zu lösen".
„Ich finde es wirklich sehr gut, dass es die Schulsozialarbeit gibt. Einer Freundin von mir wurde wirklich geholfen!".
„Ich finde es gut, dass es sie gibt, obwohl ich sie noch nie besucht habe. Aber ich denke, anderen hat sie schon geholfen".
„Ich weiß nur das er einem Meiner Kollegen sehr gut geholfen hat".

„Ich finde die Schulsozialarbeit gut, auch wenn ich sie nie benötigt habe. Denn sie hat schon einer Mittschülerin von Problemen geholfen".

„Der Schulsozialarbeiter ist ein sehr netter und aufgestellter Mensch. Er hat meinem Kollegen bei einem Problem mit anderen Schülern sehr geholfen. Ich finde das sehr gut, dass wir einen Schulsozialarbeiter haben".

Auf Grundlage dieser Aussagen lässt sich die These formulieren, dass Schulsozialarbeit durch Spread-Effekte auch über die Gruppe der aktiven Nutzerinnen und Nutzer hinaus Wohlbefinden in Schulen fördern kann bzw. real fördert. Auch in der Analyse weiterer quantitativer Daten zeigt sich, dass es durchaus Schülerinnen und Schüler gibt, die ihre Schule durch Schulsozialarbeit positiver wahrnehmen, obwohl sie selber noch nicht persönlich mit der Schulsozialarbeit in Kontakt standen:

Tabelle 7: Interaktionsformen mit Schulsozialarbeit und Wahrnehmung von Schule

		Ich war schon einmal bei der Schulsozialarbeit in einer Beratung (n=503)		*Der Schulsozialarbeiter hat bei uns in der Klasse Lektionen gegeben (n=496)*		*Ich habe bereits mit dem Schulsozialarbeiter gesprochen (n=498)*	
		nein	ja	nein	ja	nein	ja
Die Schule gefällt mir mit Schulsozialarbeit besser als ohne Schulsozialarbeit.	stimmt genau	24.7%	9.1%	20.4%	13.1%	22.7%	11.3%
	stimmt zum Teil	35.4%	9.1%	27.4%	17.5%	34.7%	9.8%
	stimmt nicht	16.1%	5.6%	13.3%	8.3%	17.7%	3.8%
	Gesamt	76.2%	23.8%	61.1%	38.9%	75.1%	24.9%

Folgende Tabelle zeigt, dass auch Schülerinnen und Schüler, die selbst noch gar nicht direkt gute Erfahrungen mit der Schulsozialarbeit gemacht haben, es positiv beurteilen, dass Schulsozialarbeit an ihrer Schule vorhanden ist.

Tabelle 8: Erfahrungen mit und Beurteilung von Schulsozialarbeit

		Ich habe bereits gute Erfahrungen mit der Schulsozialarbeit gemacht.			
		stimmt genau	stimmt zum Teil	stimmt nicht	Gesamt (n=495)
Ich finde es gut, dass es bei uns an der Schule Schulsozialarbeit gibt.	stimmt genau	14.7%	21.2%	39.4%	75.3%
	stimmt zum Teil	1.2%	6.3%	15.5%	23%
	stimmt nicht	0	0	1.7%	1.7%
	Gesamt	15.9%	27.5%	56.6%	

Spread-Effekte sind zudem auch bei Lehrkräften möglich. Eine Lehrkraft beschreibt im Rahmen einer Kommentarmöglichkeit in einem Fragebogen diesen Effekt sehr anschaulich:

„Schon nur das Wissen, dass in schwierigen Situationen Hilfe nahe ist, ist für Schüler, Eltern und Lehrpersonen sehr entlastend und hat positive Wirkung auf den gesamten Schulbetrieb".

Grundvoraussetzung für Spread-Effekte sind Kommunikationen über Schulsozialarbeit, innerhalb derer Bedeutungszuschreibungen gegenüber der Schulsozialarbeit ausgetauscht und konkretisiert werden.[18] Folgende Aussagen von Schülerinnen und Schülern dokumentieren, wie auch jenseits direkter Interaktion über die Erfahrungen mit der Schulsozialarbeit kommuniziert wird:

„Sie hat sehr vielen Kindern schon geholfen habe ich gehört".
„Alle die ihn kennen sagen er sei ein ganz lieber".
„Ich höre und erlebe von ihm sehr positive Ereignisse".

Ist es Grundvoraussetzung für Spread-Effekte, dass sich Menschen über Erfahrungen mit und Perspektiven auf Schulsozialarbeit kommunikativ austauschen, und entstehen im Rahmen dieser Kommunikationen handlungsprägende Bedeutungszuschreibungen gegenüber der Schulsozialarbeit, so ist dieser Vorgang zunächst als ein ergebnisoffener Prozess zu verstehen. Die Analyse der

---

[18] Hier zeigt sich demnach die von Blumer (1973) formulierte Prämisse des symbolischen Interaktionismus, dass die Bedeutung der Dinge in kommunikativer Auseinandersetzung mit den Dingen entsteht.

Forschungsdaten aus den Evaluationen zeigt, dass Spread-Effekte durchaus in verschiedene Richtungen verlaufen können und somit nicht nur angestrebte, sondern auch unerwünschte Wirkungen entstehen können. Folgende Aussagen von Schülerinnen und Schülern dokumentieren einen Spread-Effekt in eine Richtung, die von Seiten der Schulsozialarbeit wohl nicht beabsichtigt wurde:

> „Ich finde es bringt nichts, ich war noch nie bei ihm, aber andere haben gesagt, es bränge nichts".
> „Er [der Schulsozialarbeiter] bringt nicht so viel, denn er hilft nicht so gut. Ich kenne ihn nicht persönlich, aber ich habe vieles schon gehört".

Spread-Effekte können vor diesem Hintergrund als Verstärker von sowohl interaktiv erreichten Erfolgen *als auch* Misserfolgen verstanden werden. Die Intensität von Spread-Effekten ist für die Schulsozialarbeit nur bedingt kotrollier- oder steuerbar, da sie in kommunikativen Räumen ohne Beteiligung der Schulsozialarbeit entstehen.

Festzuhalten bleibt vor diesem Hintergrund: Im Schulhaus wird nicht nur *mit* der Schulsozialarbeit, sondern auch *über* Schulsozialarbeit kommuniziert. In den verschiedenen Gruppen der Nutzerinnen und Nutzer werden sowohl allgemeine Perspektiven auf die Schulsozialarbeit, als auch konkrete Erfahrungen mit der Schulsozialarbeit untereinander ausgetauscht. Dies führt zu kollektiv geteilten Urteilsfindungen und entsprechenden Handlungsmustern gegenüber der Schulsozialarbeit.

5.4 Wirkungschronologien im Kontext von Freiwilligkeit, Nicht-Freiwilligkeit und Unfreiheit

Obwohl im Rahmen der Evaluationen keine explizite Wirkungsforschung durchgeführt wurde bzw. die Evaluationen nicht als „Wirkungsevaluationen" konzipiert waren, lassen sich aus den gesammelten Daten und Befunden einige Dimensionen herausarbeiten, die in Bezug auf Wirkungen relevant sind. Die Dimensionen tragen entweder dazu bei, dass sich Wirkungen entfalten können, sie können somit als Wirkungsvoraussetzung bezeichnet werden, oder sie geben Hinweise auf Veränderungen, die durch Interaktionen mit der Schulsozialarbeit hervorgerufen oder initiiert wurden, sie können daher als Wirkungen von Schulsozialarbeit bezeichnet werden.

Es konnte aus den vorliegenden Daten jedoch nicht nur interpretiert werden, welche Elemente bzw. Dimensionen eine wirkungsvolle Praxis kennzeichnen. Darüber hinaus wurde deutlich, dass diese Dimensionen und Elemente in *zeitlichen* Bezügen zueinander stehen. Dies ermöglicht es, ausgehend vom empirischen

Material, Wirkungschronologien nachzuzeichnen, die abstrahiert von Einzelfällen aufzeigen, in welchen zeitlichen Verhältnissen einzelne Elemente und Dimensionen der Wirkungserzeugung zueinander stehen.

So gehen einer bestimmten Wirkung auf der Ebene des Kindes bzw. Jugendlichen bestimmbare Prozesse in der Auseinandersetzung mit der Schulsozialarbeit voraus. Die vielfach thematisierte Komplexität und Kontingenz von Wirkungserzeugung bezieht sich dann nicht mehr primär auf eine unendliche oder beliebige Anzahl an Elementen und Dimensionen, die eine wirkungsvolle Praxis kennzeichnen, sondern auf zeitliche Abfolgen bestimmbarer Elemente, die je nach individueller Ausgangssituation im Einzelfall durch unterschiedliche Tempi, Gleichzeitigkeiten und Ungleichzeitigkeiten gekennzeichnet sind. Im Folgenden werden auf der Basis der Evaluationsdaten sowie theoretischer Reflexionen solche Wirkungschronologien für unterschiedliche Ausgangssituationen in theoretisch generalisierter Form erläutert.

In den Sekundäranalysen der Forschungsdaten wurde die Relevanz von Freiwilligkeit als Voraussetzung für Wirkungen und positiv beurteilte Hilfe deutlich (vgl. Kap. 4.5). Theoretische Reflexionen zum Begriff der Willensfreiheit können vor diesem Hintergrund dazu beitragen, diese Relevanz von Freiwilligkeit für gelingende Hilfe vertieft zu verstehen.

In seiner Analyse verschiedener Verständnisse und Konzeptionen von Willensfreiheit arbeitete Laucken heraus, dass „Willensfreiheit nur als ein Sinnmoment einer Geschichte, die ein Mensch erlebend lebt, vorkommen kann" (Laucken 2004, Abs. 192). Willensfreiheit in der Schulsozialarbeit kennzeichnet sich insofern dadurch, dass Schülerinnen und Schüler eine Geschichte erlebend leben, in deren Kontext die Nutzung von Schulsozialarbeit für sie einen subjektiven Sinn ergibt (oder sie möchten durch einen Kontakt zur Schulsozialarbeit zumindest herausfinden, ob die Nutzung von Schulsozialarbeit für sie Sinn machen kann). Das von Laucken entwickelte Verständnis von Willensfreiheit ermöglicht es, unterschiedliche Grundvoraussetzungen der Nutzung von bzw. der Kontaktaufnahme mit der Schulsozialarbeit kategorisch und begrifflich zu unterscheiden. Die Definition von Willensfreiheit als Sinnmoment einer Geschichte, die ein Mensch erlebend lebt, ermöglicht nicht nur ein Verständnis von Freiwilligkeit, sondern zudem eine weitere Differenzierung von Nicht-Freiwilligkeit und Unfreiheit. In den durchgeführten Evaluationen der Schulsozialarbeit kam es vor, dass Schülerinnen und Schüler auch durch andere Personen mit der Schulsozialarbeit in Kontakt gebracht wurden, ohne dass sich die Schülerinnen und Schüler in diesem Prozess bereits schlüssig waren, ob es für sie Sinn macht, die Schulsozialarbeit zu nutzen. Die Voraussetzung für Willensfreiheit, dass Schülerinnen und Schüler der Nutzung von Schulsozialarbeit einen subjektiven Sinn zuschreiben, war in diesen Fällen nicht gegeben und insofern kann auch nicht von Freiwilligkeit gesprochen werden. Diese Fälle, in denen Kinder und Jugendliche *keine eigene Sinnzuschreibung* gegenüber der Schulsozialarbeit haben, jedoch trotzdem mit ihr in Kontakt gebracht werden, können somit als *nichtfreiwillige* Prozesse bezeichnet werden. In Abgrenzung dazu können die Fälle, in denen Kinder und Jugendliche *gegen ihren Willen* mit der Schulsozialarbeit in Kontakt gebracht werden, als *unfreiwillige* Kontakte bezeichnet werden, da sie im Gegensatz zu nicht-freiwilligen Kontakten eine subjektive Sinnzuschreibung haben, die jedoch darin besteht, dass für sie die Nutzung von Schulsozialarbeit vor dem Hintergrund ihres erlebten Lebens keinen Sinn macht. Bei freiwilliger Nutzung sehen Kinder und Jugendliche somit einen Sinn im Kontakt zur Schulsozialarbeit, bei nicht-freiwilliger Nutzung sind weder affirmative noch ablehnende Sinnzuschreibungen vorhanden und in nicht-freiwilligen Prozessen werden Kinder und Jugendliche entgegen ihrer subjektiven Sinnzuschreibungen mit der Schulsozialarbeit in Kontakt gebracht.

Freiwilligkeit setzt somit Handlungsautonomie und Handlungsoptionen voraus, nicht-freiwilligen und unfreiwilligen Kontakte gehen hingegen Machtausübungen Dritter voraus. Wird ein Kind oder Jugendlicher trotz einer Sinnzuschreibung, die auf eine Nicht-Nutzung hinauslaufen würde, mit der Schulsozialarbeit in Kontakt gebracht, so liegt ein unfreiwilliger Kontakt vor, dem eine Unfreiheit in der Lebensführung vorausging.

Diese Differenzierungen von Freiwilligkeit, Nicht-Freiwilligkeit und Unfreiwilligkeit haben Konsequenzen auf verschiedenen Ebenen. Zum Beispiel ändern sich durch diese unterschiedlichen Voraussetzungen der Interaktion die korrekten Bezeichnungen derer, die mit der Schulsozialarbeit in Kontakt treten: Während bei einer freiwilligen Inanspruchnahme von Schulsozialarbeit idealerweise von Nutzerinnen und Nutzern gesprochen wird, ist dies bei nicht-freiwilligen und unfreiwilligen Settings nicht angemessen, da nicht davon ausgegangen werden kann, dass Menschen, die nicht freiwillig mit der Schulsozialarbeit interagieren, diese trotzdem für sich nutzen wollen. Kinder und Jugendliche, die nicht-freiwillig bzw. unfreiwillig mit der Schulsozialarbeit in Kontakt gebracht werden, dennoch als Nutzerinnen und Nutzer zu bezeichnen, würde eher noch dazu beitragen, ihren Subjektstatus, der sich in ihren eigenen Sinnbeimessungen manifestiert, zynisch zu untergraben. Insofern wären für diese Kinder und Jugendlichen andere Bezeichnungen zu verwenden.

Zudem beinhaltet das von Laucken formulierte Verständnis von Willensfreiheit als Sinnmoment einer Geschichte, die ein Mensch erlebend lebt, ein reflexives Potenzial für den Prozess des Fallverstehens. Um Momente der Freiwilligkeit, Nicht-Freiwilligkeit und Unfreiheit zu erfassen, wäre zuallererst der Frage nachzugehen, wer von den Beteiligten einer Situation gerade welche Geschichte erlebend lebt und was vor diesem Hintergrund die Interaktion mit der

Schulsozialarbeit bedeutet.[19] Dies kann bedeuten, dass die Schulsozialarbeit in ein und derselben Situation Einblicke in grundlegend unterschiedliche Geschichten erhält, die zur Kontaktaufnahme mit der Schulsozialarbeit geführt haben. So kann z.b. eine problematische Situation in einer Klasse von den Beteiligten unterschiedlich erlebt werden und die Situation kann in ihren Lebenskontexten unterschiedliche Bedeutungen haben.

Fallverstehen im Horizont von Willensfreiheit setzt demnach bei subjektiven Erlebensweisen von Geschichten an, um von dort ausgehend Sinnzuschreibungen gegenüber der Schulsozialarbeit zu verstehen. Seitens der Schulsozialarbeit Hilfeangebote zu machen bedeutet dann auch, Sinnzuschreibungen gegenüber der Schulsozialarbeit zu ermöglichen und zu kommunizieren.

In Anbetracht dieser unterschiedlichen Voraussetzungen der Kontaktaufnahme zur Schulsozialarbeit stellt sich die Frage, welche Konsequenzen damit für die Erzeugung von Wirkungen sowie für professionelles Handeln verbunden sind. Diesen Fragen wird im Folgenden nachgegangen, indem idealtypische Wirkungschronologien unter den Voraussetzungen von Freiwilligkeit, Nicht-Freiwilligkeit und Unfreiwilligkeit herausgearbeitet und erörtert werden.

5.4.1 Wirkungschronologie bei freiwilliger Ko-Produktion von Hilfe

Zentrales Merkmal von Freiwilligkeit ist – wie oben erläutert –, dass Menschen der Nutzung von Schulsozialarbeit in Bezug auf ihr eigenes erlebtes Leben einen affirmativen Sinn zuschreiben. Diese affirmative Bedeutungs- bzw. *Sinnzuschreibung* veranlasst Menschen dazu, Kontakt zur Schulsozialarbeit zu suchen.[20] Allerdings ist eine so verstandene Freiwilligkeit nicht die erste Wirkungsvoraussetzung in der zeitlichen Abfolge einer Wirkungschronologie. Viel grundlegender – und nur vermeintlich trivial – ist die für eine freiwillige Nutzung von Schulsozialarbeit notwendige Voraussetzung, dass Menschen die Schulsozialarbeit und ihr Angebot kennen. Menschen können nur Dingen, die sie kennen, einen Sinn zuschreiben. So trivial dies erscheint, so herausfordernd ist es jedoch für die Praktikerinnen und Praktiker, das Angebot der Schulsozialarbeit bei allen Schülerinnen und Schülern angemessen bekannt zu machen. Das Handlungsfeld Schulsozialarbeit kennzeichnet sich häufig durch gering bemessene

---

[19] Die in Kapitel 2.2 aufgeführten Beratungsanlässe und -themen dokumentieren in diesem Sinne reale "Geschichten", die Kinder und Jugendliche erlebend leben und im Rahmen derer sie die Schulsozialarbeit aufsuchen oder an sie vermittelt werden.

[20] Dieses Verhältnis zwischen subjektiver Bedeutungszuschreibung und daraus folgender Handlung ist insbesondere in der Theorie des Symbolischen Interaktionismus herausgearbeitet (vgl. Blumer 1973).

Personalschlüssel, die es erschweren, das Angebot der Schulsozialarbeit bei allen potentiellen Nutzerinnen und Nutzern angemessen bekannt zu machen.

An allen evaluierten Standorten hatte sich die Schulsozialarbeit zum Ziel gesetzt, sich in allen Schulklassen persönlich vorzustellen. Dementsprechend hoch war die allgemeine Bekanntheit der Schulsozialarbeit (vgl. Abb. 25). Größer waren die Unterschiede bei der Angabe, ob bereits Projekte im Klassenverband durchgeführt worden waren und ob die Schülerinnen und Schüler bereits persönlich mit der Schulsozialarbeit gesprochen hatten. Hier zeigten sich deutliche lokale Unterschiede.

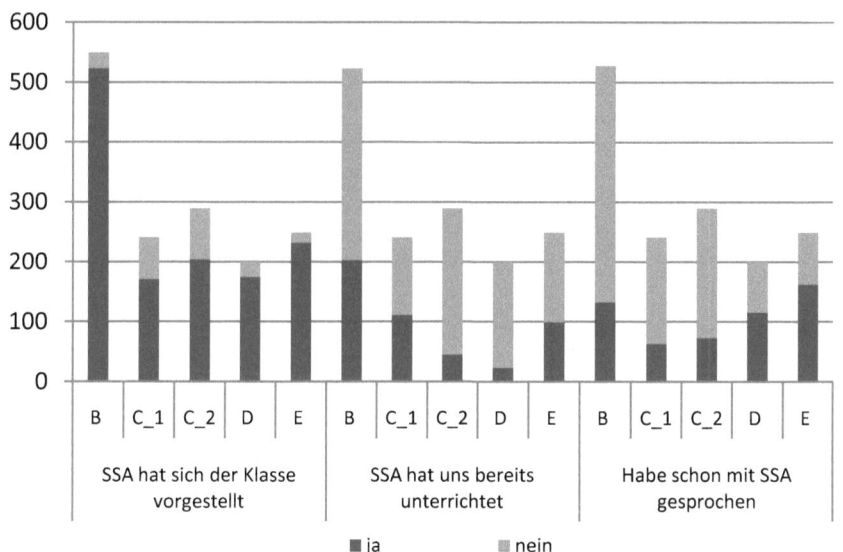

Abbildung 25: Bekanntheit Schulsozialarbeit nach Standort I (N=1528, 1502, 1506)

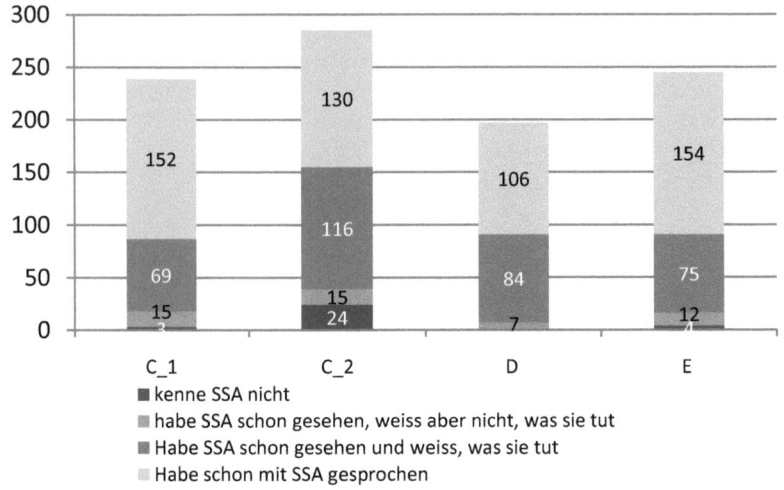

Abbildung 26: Bekanntheit Schulsozialarbeit nach Standort II (N=996)

Grundlegend für den Beginn einer Wirkungschronologie unter Voraussetzungen freiwilliger Kontaktaufnahme zur Schulsozialarbeit ist demnach, dass potentielle Nutzerinnen und Nutzer *Kenntnis über das Angebot der Schulsozialarbeit* haben. Dies ermöglicht ihnen eine Sinnzuschreibung in Bezug auf ihr subjektiv erlebtes Leben und erweitert zudem ihre Handlungsoptionen für die Lebensbewältigung. Es ist demnach keine reine Höflichkeitsveranstaltung, wenn sich Schulsozialarbeitende in den Klassen bzw. der ganzen Schule ausführlich vorstellen, sondern Grundvoraussetzung für freiwillige Nutzungen. Gleiches gilt für die niederschwellige und informelle Kontaktpflege. An den Standorten D und E, an welchen mehr als die Hälfte aller Kinder und Jugendliche angeben, schon mal einfach so mit der Schulsozialarbeit gesprochen zu haben, werden diese inoffiziellen Kontaktaufnehmen von den Schülerinnen und Schülern explizit sehr geschätzt, wie folgende Äußerungen von Kindern und Jugendlichen an den Standorten C und D zeigen (vgl. Kapitel 4.6):

„Ich finde es toll dass die Schulsozialarbeit da ist. In der Pause kommt sie zu uns und redet mit uns und erzählt uns Witze. Aber es ist besonders, dass wenn meine freunde Probleme haben, können sie zur Schulsozialarbeit gehen!".
An der Schulsozialarbeit ist gut, „das sie oft ihn den Pausen hier ist und ihre Kinder (Kunden) fragt wie es geht ob er oder sie weniger Probleme hat".

„Sie ist für alle Kinder an der Schule da und nimmt sich auch bei Problemen viel Zeit sie zu besprechen. Sie fragt auch von sich aus wie es einem geht oder auch persönliche sachen wie z.b. Lehrstelle suchen usw.".
An der Schulsozialarbeit ist gut, „das er den Kontakt geziehlt zu uns sucht".
„Ich finde es gut dass er manchmal in der Pause Kontakt mit uns aufnimmt".

Auf der Grundlage der vorliegenden Evaluationsdaten kann weiter beschrieben werden, wie sich Wirkungen entfalten, wenn Nutzerinnen und Nutzer freiwillig Kontakt zur Schulsozialarbeit aufnehmen. Insbesondere die Dimension des Vertrauens spielt für den weiteren Verlauf der Entfaltung von Wirkungen eine zentrale Rolle (vgl. Kapitel 4.2.1, dazu bereits Bolay 1999). Viele Schülerinnen und Schüler heben in ihren Rückmeldungen zur Schulsozialarbeit hervor, wie sehr sie es wertschätzen, dass sie der Schulsozialarbeit vertrauen können. Im Rahmen der Sekundärauswertungen der Evaluationsdaten zeigte sich, dass Nutzerinnen und Nutzer, insbesondere Schülerinnen und Schüler, dann ein Vertrauensverhältnis zur Schulsozialarbeit aufbauen, wenn es der Schulsozialarbeit gelingt, sich glaubhaft als vertrauenswürdig darzustellen. Dies gelingt der Schulsozialarbeit insbesondere durch das Strukturelement der Schweigepflicht. Allerdings scheinen die Schülerinnen und Schüler dieses Angebot nicht naiv und unhinterfragt, sondern durchaus auch vorsichtig oder zunächst auch skeptisch zu betrachten. Daraus resultiert in der Praxis häufig zunächst ein 'Vertrauenstest' seitens der Schülerinnen und Schüler, innerhalb dessen ausgelotet wird, ob die Schulsozialarbeit tatsächlich ein vertrauenswürdiges Angebot darstellt.

In den Evaluationen zeigte sich dieser 'Vertrauenstest' seitens der Schülerinnen und Schüler insbesondere in den Dokumentationen der Einzelfälle, bei denen sich mehrfach gezeigt hat, dass sich die Themen im Verlauf des Beratungsprozesses wandelten. Mehrere Schülerinnen und Schüler haben sich nicht gleich zu Beginn, sondern erst im Verlauf mehrerer Beratungssitzungen zu ihren persönlichen Lebenssituationen, Emotionen, Nöten und Schwächen geäußert und den Beratungsinhalten dadurch teilweise völlig neuen Dimensionen gegeben. In einem solchen 'Vertrauenstest' prüfen die Schülerinnen und Schüler somit das Angebot der Schulsozialarbeit, oder anders formuliert: Der Vertrauenstest seitens der Schülerinnen und Schüler ist der Ernstfall für schulsozialarbeiterische Konzeptionen, die in diesem Moment in ihrer Qualität unmittelbar erfahrbar gemacht werden müssen.

Der Ausgang dieser Prüfung hat Konsequenzen: Bestätigt die Schulsozialarbeit ihre Vertrauenswürdigkeit, werden Schülerinnen und Schüler in positiven Sinnzuschreibungen gegenüber der Schulsozialarbeit bekräftigt und gehen mit der Schulsozialarbeit ein Arbeitsbündnis ein, um Probleme und Fragen zu bearbeiten. Scheitert der Vertrauenstest, so ändert sich eine anfänglich affirmative Sinnzuschreibung der Schülerinnen und Schüler gegenüber der Schulsozialarbeit und es kommt zu neuen Bedeutungszuschreibungen, die den Sinn, den Schülerinnen und Schüler in der Schulsozialarbeit sehen, verändern. Folgende Zitate von Schüler/innen dokumentieren exemplarisch einen solchen gescheiterten Vertrauenstest (vgl. dazu auch Kap.4.2.1). Auf die Frage, ob sich die Schüler/innen wünschen, dass sich an der Schulsozialarbeit etwas ändert, formulierten sie:

> „Dass die Schulsozialarbeit nicht alles der Lehrerin sagt. Einmal war ich bei ihr und als wir fertig waren, hat sie es gesagt".
> „Das wen ich sage ich möchte nicht das er ein Elterngespräch führt, das auch nicht macht".

In diesen Zitaten werden zwar die Konsequenzen dieser Erlebnisse nicht erläutert, jedoch scheint eine Interpretation, dass diese Schülerinnen und Schüler ihre Sinnzuschreibung gegenüber der Schulsozialarbeit aufgrund des gebrochenen Vertrauens ändern, nicht abwegig.

Die Relevanz von Vertrauen im Prozess der Zusammenarbeit zwischen Schulsozialarbeit und Schülerinnen und Schülern konkretisiert die vielfach wiederholte Feststellung, dass es besonders auf die Beziehung zwischen Schulsozialarbeit und Kindern bzw. Jugendlichen ankommt. 'Beziehung' ist zunächst eine inhaltsleere Bezeichnung für eine Struktur zwischen mindestens zwei Menschen. Beziehungen können unterschiedlich geprägt sein und unterschiedliche Konsequenzen für die Beteiligten haben. Es reicht demnach nicht, einzig die Relevanz von Beziehungen und Beziehungsarbeit zu betonen, wie dies in zahlreichen Konzepten der Schulsozialarbeit formuliert ist. Aus Sicht der befragten Schülerinnen und Schüler ist die Beziehung von Seiten der Schulsozialarbeit nicht beliebig gestaltbar. Sie stellen insbesondere die Anforderung, dass ihnen Vertrauen angeboten wird, das im Verlauf einer Hilfe auch eingehalten wird.

Neben dem Vertrauensangebot seitens der Schulsozialarbeit sind es darüber hinaus insbesondere die Elemente der Wertschätzung sowie des anwaltschaftlichen Handelns (vgl. Kap 4.4), die zum einen das Vertrauensverhältnis weiter stärken als auch das sich entwickelnde Arbeitsbündnis konturieren und intensivieren. Im Rahmen des Arbeitsbündnisses beginnen Schülerinnen und Schüler dann, die Schulsozialarbeit in ihre Strategien der Lebensbewältigung einzubeziehen, sie also für individuelle Zwecke zu nutzen. Daraus resultierende Veränderungen in ihrem Leben lassen sich als Wirkungen von Schulsozialarbeit bezeichnen, da sie im Rahmen des Arbeitsbündnisses mit der Schulsozialarbeit entstanden sind.

Die hier beschriebene Wirkungschronologie für freiwillige Nutzungen von Schulsozialarbeit lässt sich wie folgt schematisieren:

Wirkungsvoraussetzung 1: Das Angebot der Schulsozialarbeit ist den potentiellen Nutzerinnen und Nutzern bekannt.

Wirkungsvoraussetzung 2: In Bezug auf eine Geschichte, die ein Mensch erlebend lebt, macht die Kontaktaufnahme mit bzw. Nutzung von Schulsozialarbeit für den Menschen Sinn.

Wirkungsvoraussetzung 3: Die Schulsozialarbeit signalisiert und beweist Vertrauenswürdigkeit.

Wirkungsvoraussetzung 4: Kinder und Jugendliche werden zu Nutzerinnen und Nutzern, indem sie ein Arbeitsbündnis eingehen und die Schulsozialarbeit in ihre Bewältigungsstrategien einbinden.

Wirkung: Auf der Grundlage des Arbeitsbündnisses entstehen Veränderungen, die als Wirkungen bezeichnet werden können.

Komplexität und Kontingenz entstehen in einem solchen Prozess an verschiedenen Stellen und hängen von jeweiligen individuellen Ausgangssituationen ab. Unterschiede zeigen sich insbesondere auf zeitlicher Ebene, indem diese Elemente in unterschiedlichen Tempi durchlaufen werden. So dauert es z.B. bei den Schülerinnen und Schülern unterschiedlich lang, bis sie das Angebot der Schulsozialarbeit genügend verstanden haben, um es auf eigene Lebenssituation beziehen zu können, also der Schulsozialarbeit einen Sinn zuschreiben können, Schülerinnen und Schüler vertrauen der Schulsozialarbeit unterschiedlich schnell und gehen in unterschiedlichen Tempi ein Arbeitsverhältnis zur Schulsozialarbeit ein. Empirisch werden solche Unterschiede z.B. dadurch deutlich, dass sich die Themen in den Einzelfallberatungen durchaus wandeln und in einigen Fällen ein zentrales Thema erst nach mehreren Wochen Fallarbeit zur Sprache kommt.

5.4.2 Wirkungschronologien bei nicht-freiwilligen Projekten

In der Praxis der Schulsozialarbeit gibt es neben den Beratungsangeboten auch Arbeitsformen mit Gruppen und Klassen, die als „Projekte", „Klasseninterventionen" oder „soziale Gruppenarbeit" zusammengefasst werden. In den Evaluationen hat sich zwar gezeigt, dass diese Arbeitsbereiche im Vergleich zu den (Einzelfall-)Beratungen in geringerem Umfang ausgeübt werden, dennoch sind sie Bestandteil von Praxis und mancherorts mit sehr hohen Wirkungserwartungen verbunden, die häufig über das Schlagwort 'Prävention' geäußert werden. Projekte werden nicht einzig auf Wunsch der Schülerinnen und Schüler hin durchgeführt, sondern auch von der Schulsozialarbeit, einer Lehrkraft oder der Schulleitung initiiert. Im Rahmen dieser Tätigkeiten arbeitet die Schulsozialarbeit auch mit Klassen oder Gruppen, ohne dass dies im Vorfeld von den Schülerinnen und Schülern explizit nachgefragt wurde. Entsprechend stehen in solchen Arbeitsformaten auch nicht so sehr Wirkungserwartungen der nachfragenden Subjekte (Schülerinnen und Schüler), sondern vielmehr Wirkungserwartungen der Erwachsenenwelt in Bezug auf Wirkungen von Schulsozialarbeit auf Schülerinnen und Schüler im Mittelpunkt.

In diesen Arbeitsformaten kann daher nicht vorbehaltlos davon ausgegangen werden, dass die Schülerinnen und Schüler der Schulsozialarbeit von Beginn an einen Sinn in Bezug auf ihr subjektiv erlebtes Leben zuschreiben. Vielmehr ist zu erwarten, dass auf Seiten der Schülerinnen und Schüler unterschiedliche Sinnzuschreibungen gegenüber der Schulsozialarbeit vorhanden sind. Insbesondere bei Projekten oder Interventionen, die für Schülerinnen und Schüler unerwartet oder unvorbereitet durchgeführt werden, ist davon auszugehen, dass die Schülerinnen und Schüler zunächst eine individuelle Sinnklärung vornehmen werden.

Projekte, Klasseninterventionen und soziale Gruppenarbeiten können in Bezug auf das angeführte Verständnis von Willensfreiheit somit dann als nichtfreiwillig für Schülerinnen und Schüler kategorisiert werden, wenn dem Kontakt mit der Schulsozialarbeit keine subjektive Sinnzuschreibung seitens der Schülerinnen und Schüler vorausging und sie sich dem Kontakt mit der Schulsozialarbeit nicht entziehen können (z.B. aufgrund obligatorischer Teilnahme). Damit ist zwar nicht ausgeschlossen, dass Schülerinnen und Schüler im Laufe eines Projekts der Schulsozialarbeit in Bezug auf Geschichten in ihrem subjektiv erlebten Leben einen Sinn zuschreiben werden. Trotzdem baut diese Form der Praxis auf anderen Wirkungsvoraussetzungen auf als freiwillig nachgefragte Beratungen.

Wirkungschronologien beginnen in solchen Settings demnach mit dem Kontakt der Schulsozialarbeit zu Schülerinnen und Schülern, deren Sinnzuschreibungen gegenüber der Schulsozialarbeit unterschiedlich sein können. (Bildungs-)Wirkungen werden in solchen Settings erzielt, wenn Schülerinnen und Schüler vor dem Hintergrund ihres subjektiv erlebten Lebens zum Schluss kommen, dass es für sie sinnvoll ist, sich mit den von der Schulsozialarbeit vermittelten Inhalten auseinanderzusetzen. Der individuelle Nutzen kann sich in einer kompetenteren Lebensbewältigung, der Entfaltung sozialer Kompetenzen oder der allgemeinen Entwicklung von Persönlichkeit niederschlagen. Wenn jedoch Inhalte der Schulsozialarbeit nicht anschlussfähig an das Erleben der Schülerinnen und Schüler sind und wenn es der Schulsozialarbeit nicht gelingt, einen Bezug zu den subjektiven Erlebensweisen herzustellen, so werden Schülerinnen und Schüler kaum positive Sinnzuschreibungen vornehmen und Bildungswirkungen werden ausbleiben.

Eine Chronologie der Erzeugung von Wirkungen bei nicht-freiwilligen Projekten kann schematisch wie folgt aussehen:

Wirkungsvoraussetzung 1: Schulsozialarbeit und Schülerinnen und Schüler kommen im Rahmen eines thematischen Projekts, einer Klassenintervention oder einer sozialen Gruppenarbeit in Kontakt.

Wirkungsvoraussetzung 2: Schülerinnen und Schüler nehmen positive Sinnzuschreibungen in Bezug auf das Projekt bzw. die Gruppenarbeit vor, da sie den Inhalt der Arbeitsformen auf ihr subjektiv erlebtes Leben beziehen können.

Wirkung 1: Der Schulsozialarbeit wird ein positiver Sinn zugeschrieben.

Wirkung 2: Inhalte aus den Interaktionen mit der Schulsozialarbeit werden von den Schülerinnen und Schüler in ihre Art der Lebensbewältigung aufgenommen.

Komplexitäten und Kontingenz entstehen innerhalb solcher Wirkungschronologien z.B. durch unterschiedliche Sinnzuschreibungen seitens der Schülerinnen und Schüler sowie durch Wirkungserwartungen, die von unterschiedlichen Seiten aus an diese Formen der Interaktion herangetragen werden.

Ähnliche Prozesse sind anzunehmen, wenn einer Schülerin bzw. einem Schüler von Lehrkräften vorgeschlagen wird, sich von der Schulsozialarbeit beraten zu lassen, und diese dem Vorschlag zustimmen, sich jedoch noch nicht schlüssig sind, inwiefern es für sie Sinn macht, die Schulsozialarbeit zu nutzen.

Will die Schulsozialarbeit im Rahmen von Projektarbeiten vermeiden, dass die Schülerinnen und Schüler zunächst abwägen, ob es für sie Sinn macht, sich mit dem von der Schulsozialarbeit angebotenen Thema auseinanderzusetzen, können Schülerinnen und Schüler bereits im Vorfeld von Projekten an der Auswahl der Themen beteiligt werden. Durch eine solche Partizipation wird es möglich, dass Schülerinnen und Schüler Themen wählen, die an ihr gegenwärtig „erlebtes Leben" unmittelbar anschließen und eine Auseinandersetzung mit diesen Themen somit von Beginn an Sinn macht.

5.4.3 Wirkungschronologien im Rahmen unfreiwilliger Beratungen

Während sich Nicht-Freiwilligkeit dadurch kennzeichnet, dass Schülerinnen und Schüler mit der Schulsozialarbeit in Kontakt kommen, ohne dass sie der Schulsozialarbeit vor dem Hintergrund ihres erlebten Lebens eine besondere Bedeutung zuschreiben, kennzeichnet sich Unfreiwilligkeit dadurch, dass Schülerinnen und Schüler gegen ihren Willen mit der Schulsozialarbeit in Kontakt gebracht werden. Anders als Nicht-Freiwilligkeit setzt Unfreiwilligkeit somit seitens der Schülerinnen und Schüler eine negative Bedeutungszuschreibung gegenüber der Schulsozialarbeit voraus: Schülerinnen und Schüler halten eine Interaktion mit der Schulsozialarbeit vor dem Hintergrund ihres subjektiv erlebten Lebens als für sie nicht sinnvoll. Diese Bedeutungszuschreibung wird jedoch erst dann zu Unfreiheit, wenn Schülerinnen und Schüler ihre Autonomie verlieren, weil sie von Anderen dazu gebracht werden, sich entgegen eigener Bedeutungszuschreibungen zu verhalten.

In den Evaluationen hat sich gezeigt, dass solche auf Unfreiheit und Unfreiwilligkeit basierenden Kontakte durchaus vorkommen, insbesondere in der Gestalt der direktiven Vermittlung bzw. 'Überweisung' von Schülerinnen und Schülern durch Lehrkräfte an die Schulsozialarbeit. Folgende Zitate dokumentieren, dass einige Schülerinnen und Schüler für sich selbst keinen Sinn in Interaktionen mit der Schulsozialarbeit sehen, es jedoch trotzdem vorkommt, dass sie oder andere Schülerinnen und Schüler zur Schulsozialarbeit vermittelt werden:

> „Die Schulsozialarbeit bringt nicht viel, denn man wird meistens dorthin geschickt und von alleine will man gar nicht".
> „Ich war ein paar Mal bei der Schulsozialarbeit (man hatte mich hingeschickt). Der Schulsozialarbeiter hat bloß total klischeehafte Ratschläge gegeben und einen absolut unangebrachten Vorschlag gebracht ...weiter will ich nicht drauf eingehen".
> „Ich denke, der Schulsozialarbeiter macht das recht gut, nur mir bringt es nichts. Wenn ich Probleme habe, regle ich es auf meine Art und selbständig. Ich brauche keine Beratung von der Schulsozialarbeit. Ich teile meine Probleme mit niemandem".
> „Ich finde es ist sicher gut, dass es die Schulsozialarbeit gibt, man übertreibt nur manchmal zu sehr und mischt sich in unnötige Kleinigkeiten ein (kam vor meinen Augen 3-mal vor)".

Diese Rückmeldungen dokumentieren mindestens dreierlei: Erstens laufen die darin dokumentierten subjektiven Bedeutungszuschreibungen zur Schulsozialarbeit auf eine Nicht-Nutzung hinaus. Zweitens gingen die beschriebenen Interaktionen mit der Schulsozialarbeit nicht von der Nachfrage der Schülerinnen und Schüler aus, sondern sind bestimmt durch Momente der Unfreiheit, Unfreiwilligkeit und Machtausübung. Drittens urteilen die Schülerinnen und Schüler, dass unfreiwillige Settings keine Wirkung zeigen, dass es „nichts bringt".

Es stellt sich somit die Frage, ob in unfreiwilligen Beratungssetting überhaupt Wirkungen entstehen können, denn offenbar binden die hier zitierten Schülerinnen und Schüler die Schulsozialarbeit nicht in ihre Strategien der Lebensbewältigung ein und wollen dies auch nicht. Wenn sie durch externe Machtausübung trotzdem dazu gebracht werden sollen, kann offenbar auch eine 'aktive Nicht-Nutzung´ entstehen, also eine Verweigerungshaltung auf Seiten der Schülerinnen und Schüler. Der erzwungene Kontakt bestärkt sie in diesen Fällen in ihrer bereits vorhanden ablehnenden Bedeutungszuschreibung zur Schulsozialarbeit. Auch dies kann eine Wirkung von Schulsozialarbeit sein, obwohl sie wohl kaum intendiert ist.

Jenseits ethischer Bedenken in Bezug auf unfreiwillige Zuweisungen (vgl. Baier 2011) kann festgehalten werden, dass es wohl kaum Wirkungen haben kann, wenn Schülerinnen und Schüler Ratschläge bekommen, die sie nicht haben wollen und nicht annehmen. Wenn kein Arbeitsbündnis entsteht, werden die Anregungen von Seiten der Schulsozialarbeit subjektiv bedeutungslos bleiben und nicht in eigenes Handeln aufgenommen (oder nur soweit, wie es aufgrund der sozialen Machtausübung von außen notwendig erscheint). Unfreiwillig entstandene Interaktionen können nur dann für Kinder und Jugendliche nachhaltige positive Wirkungen haben, wenn es der Schulsozialarbeit gelingt, die unfreiwillig entstandene Ausgangssituation aufzulösen und die erzwungene Interaktion in ein Dienstleistungsverhältnis zu verändern. Wenn Schulsozialarbeit für Kinder und Jugendliche Wirkungen im Sinne positiver Entwicklungsmöglichkeiten entfalten soll, sind Schulsozialarbeitende bei unfreiwilligen Ausgangssituationen zunächst dazu herausgefordert, die Unfreiheit wieder in subjektive Autonomie zu verwandeln. Konkret bedeutet dies, dass die Schulsozialarbeit zu Beginn einer angewiesenen Beratung darauf hinweist, dass alle Beratungen freiwillig sind und die Schülerinnen und Schüler selbständig entscheiden können, ob sie in einen Beratungsprozess einsteigen und wiederkommen wollen. Damit wird den Schülerinnen und Schülern die Möglichkeit zurückgegeben, gemäß ihrer subjektiven Bedeutungszuschreibungen zu handeln. Dadurch nivelliert sich das (möglicherweise kränkende) Machtgefälle zwischen Erwachsenenwelt und Schüler/innen ein Stück weit. Dies bedeutet für die Schulsozialarbeit jedoch auch, dass sie den Verlauf und die Dauer der Interaktion nicht vollumfänglich bestimmen kann. Wie jedoch aus den Aussagen der Kinder und Jugendlichen deutlich wurde, kann die Schulsozialarbeit unfreiwillige Beratungen ohnehin nur strukturell und nicht auf ein erwünschtes Ergebnis hin steuern. Sollen Beratungen, die unter Bedingungen der Unfreiheit entstanden sind, positive Wirkungen für Kinder und Jugendliche ermöglichen, so wäre folgende Wirkungschronologie denkbar:

Wirkungsvoraussetzung 1: Das (kränkende) Machtgefälle und die Unfreiheit der Ausgangssituation werden aufgehoben, indem dem Subjekt wieder Handlungen gemäß eigener Bedeutungszuschreibungen ermöglicht werden.

Wirkungsvoraussetzung 2: Schulsozialarbeit macht ein freiwillig wählbares Angebot.

Wirkungsvoraussetzung 3: Schülerinnen und Schüler ändern ihre Bedeutungszuschreibung und schreiben dem Angebot der Schulsozialarbeit einen neuen Sinn zu. Daran anschließend gehen sie ein freiwilliges Arbeitsbündnis mit der Schulsozialarbeit ein.

Diese Wirkungschronologie zeigt auf, dass Beratungssituationen, die unter Bedingungen der Unfreiheit entstanden sind, auch zu positiven Wirkungen führen können, dies jedoch nur, wenn es den Schulsozialarbeitenden gelingt, die der Kontaktaufnahme vorausgegangene Unfreiheit und Demütigung aufzulösen und eine freiwillige Form der Nutzung zu initiieren.

Unfreiwillige Überweisungen von Schülerinnen und Schülern zur Schulsozialarbeit sind demnach nicht kalkulierbare Verfahren, denn sie können als kränkende Machtausübung und Bevormundung erlebt werden und die Schülerinnen und Schüler in ihrer ablehnenden Haltung gegenüber der Schulsozialarbeit bestärken.

Bedenklich ist vor diesem Hintergrund die für einige Standorte von Schulsozialarbeit in der Schweiz diskutierte Regelung, dass Schülerinnen und Schüler zu insgesamt drei Beratungsgesprächen verpflichtet werden können oder ihnen oder ihren Eltern mit Sanktionen gedroht wird, wenn sie nicht eine bestimmte Anzahl an Beratungen mit Erfolg durchlaufen.[21] So wenig solche Verfahren ethisch legitimierbar sind, so wenig kann ausgeschlossen werden, dass solche Verpflichtungen die ursprüngliche ablehnende Bedeutungszuschreibung der Schülerinnen und Schüler gegenüber der Schulsozialarbeit gleich dreifach bestärken.

5.5 Wirkungschronologische Qualitätsentwicklung

Obwohl die herausgearbeiteten Wirkungschronologien auf der Basis von Sekundäranalysen von Evaluationsdaten erarbeitet wurden und insofern noch durch weitere empirische Forschung überprüft und ausdifferenziert werden müssten, sind sie bereits in dieser Form relevant für die Praxisgestaltung. Empirische Forschung zu zeitlichen Dimensionen der Wirkungserzeugung ermöglicht es, Qualitätsentwicklung nicht nur in Bezug auf Resultate (Wirkungen), sondern insbesondere auch in Bezug auf Prozesse, die zu diesen Resultaten führen sollen, zu konkretisieren. Werden in Wirkungschronologien relevante Momente der Wirkungserzeugung in ihrer zeitlichen Abfolge dargestellt, so wird es dadurch möglich, Qualitätsstandards zur Gestaltung dieser Momente zu formulieren, die damit Qualitätsstandards für eine wirkungsvolle Praxis darstellen.

---

[21] Eine solche Regelung gab es an den Standorten, deren Evaluationen die Basis dieses Buches bilden, nicht.

Folgende Tabelle veranschaulicht die Systematik und mögliche Inhalte einer solchen an Wirkungschronologien ausgerichteten Qualitätsentwicklung:

Tabelle 9: Wirkungschronologische Qualitätsentwicklung

Wirkungsvoraussetzungen	Praxiselemente, durch die Qualität für die einzelnen Wirkungsvoraussetzungen erzeugt wird
1. Bekanntheit des Angebotes der Schulsozialarbeit bei potentiellen Nutzer/innen	• Kontakt zu allen Schüler/innen • altersangemessene Sprache und Didaktik • Klare Vorstellungen der eigenen Zuständigkeiten und Arbeitsweisen bei den Professionellen
2. Nutzung der Schulsozialarbeit ist möglich und macht für die Nutzer/innen Sinn.	• Nutzung bedarfsgerecht ermöglichen (Niederschwelligkeit) • Lebensweltnahe Angebote • Bedarfs- und altersgerechte Praxisformen
3. Vertrauen	• über Schweigepflicht informieren • Schweigepflicht einhalten • Respekt und Wertschätzung
4. Arbeitsbündnis und Einbindung der Schulsozialarbeit in Lebensbewältigungsstrategien der Nutzer/innen	• anwendbare Hilfe • anwaltschaftliches Handeln

6 Benchmarks: Maßstäbe zur Bewertung von Praxis

In Evaluationen werden die Evaluationsgegenstände nicht nur rekonstruiert und beschrieben, sondern auch beurteilt und bewertet. Evaluationen von Schulsozialarbeit stellt dies vor bestimmte Herausforderungen. Es stellt sich zunächst grundlegend die Frage, was der genaue Gegenstand von Evaluationen von Schulsozialarbeit sein soll, da „Schulsozialarbeit" als Evaluationsgegenstand zu facettenreich ist, um ihn gesamthaft zu betrachten. In der Evaluationspraxis von Schulsozialarbeit werden daher relevante Teilbereiche von Schulsozialarbeit zum Gegenstand von Evaluationen gemacht. So wird z.b. die Art und Weise evaluiert, wie Schulsozialarbeitende ihre Praxis gestalten, es wird der Frage nachgegangen, wer die Schulsozialarbeit auf welche Weise, in welchem Umfang und warum nutzt, es kann der Frage nach Wirkungen auf unterschiedlichen Ebenen nachgegangen werden, es werden Organisationsstrukturen und Rahmenbedingungen analysiert und es wird danach gefragt, wie zufrieden verschiedene Beteiligte mit der Schulsozialarbeitenden sind. Je nachdem, wie umfangreich eine Evaluation angelegt ist, ergeben sich so Aussagen zu verschiedenen Teilbereichen, die sich wiederum aufeinander beziehen lassen.

Sollen die Untersuchungsgegenstände in Evaluationen nicht nur beschrieben, sondern auch beurteilt und bewertet werden, so stellt sich die für Evaluationen zentrale Frage nach Maßstäben, anhand dies geschehen soll. Anhand welcher Kriterien lässt sich gute Praxis von weniger guter Praxis unterscheiden?

In der Sprache der Evaluation werden Bewertungsmaßstäbe auch als Benchmarks bezeichnet. Der Begriff Benchmark stammt ursprünglich aus dem Schreiner-Handwerk und bezeichnet eine Markierung (Mark) in einer Werkbank (Bench). Schreiner hatten ihre Werkbänke mit Markierungen versehen, um Standardmaße nicht immer wieder neu ausmessen zu müssen. Anhand der Benchmark in der Werkbank konnten sie immer sofort sehen, wie lang z.b. ein Tischbein sein muss. Der Begriff der Benchmark wurde zunächst in Verfahren der Unternehmensberatung und später in den Evaluationsbereich übernommen. Benchmarks kennzeichnen die Maßstäbe, anhand derer die Evaluationsgegenstände beurteilt und bewertet werden.

Für Evaluationen von Schulsozialarbeit können Benchmarks unterschiedlicher Art und unterschiedlicher Herkunft herangezogen werden. Im Folgenden werden verschiedene Benchmarks erläutert und hinsichtlich ihrer Verwendung und Konsequenzen für Evaluationen diskutiert.

6.1 Konzeptionelle Ziele als Benchmarks

Wird Schulsozialarbeit von einer externen Stelle evaluiert, so wird in der Regel auch der Frage nachgegangen, welche Ziele vor Ort mit der Schulsozialarbeit verbunden werden. Ziele sind in der Regel in den konzeptionellen Vorgaben oder auch Verordnungen für die Schulsozialarbeit formuliert. Dort ist dann z.b. zu lesen, dass die Schulsozialarbeit zur Integration von Schülerinnen und Schülern mit Migrationshintergrund beitragen soll, Kindern und Jugendlichen niederschwellige Hilfe gewähren soll, präventiv arbeiten und zur Verbesserung des Schulklimas beitragen sowie Lehrkräfte entlasten soll.

Solche in Konzepten vorgegebenen Ziele sind für Evaluationen besonders wertvoll, da sie ausdrücken, welche genauen Ziele vor Ort mit der Schulsozialarbeit verfolgt werden. Diese Ziele als Benchmarks zu verwenden bedeutet, die Schulsozialarbeit an dem zu messen, was ursprünglich mit ihr beabsichtigt und für sie vorgegeben war. Problematisch werden selbst gesteckte Ziele als Benchmark dann, wenn sie abstrakt und allgemein formuliert sind. Soll die Schulsozialarbeit laut Konzept z.B. das Schulklima positiv fördern, so stellt sich die Frage, ob im Rahmen von Evaluationen überhaupt erforscht werden kann, inwiefern ein solches Ziel erreicht wurde und welchen genauen Beitrag die Schulsozialarbeit auf welche Weise erbracht hat. Allgemein und abstrakt formulierte Ziele zu überprüfen erfordert vielfach einen Forschungsaufwand, der die Möglichkeiten von Evaluationen überschreitet.

In Evaluationen dienen konzeptionell vorgegebene Ziele jedoch nicht nur als Benchmarks um konkrete Praxis zu bewerten. Evaluationen sollten darüber hinaus den Anspruch erheben, auch die in Konzepten formulierten Ziele als Evaluationsgegenstand anzusehen und entsprechend fachlich zu reflektieren. Dabei kann herauskommen, dass die in Konzepten formulierten Ziele fachlicher weiter ausformuliert werden sollten oder konkretisiert werden sollten, damit sie auch im Arbeitsalltag überprüft werden und handlungsleitend sein können. Gut formulierte Ziele können so nicht nur im Rahmen von externen Evaluationen, sondern auch für fortlaufende Prozesse der Selbstevaluation wertvolle Orientierungen darstellen.

6.2 Erwartungen an die Schulsozialarbeit als Benchmark

Neben konzeptuellen Zielen für die Schulsozialarbeit gibt es in der Regel weitere Erwartungen unterschiedlicher Beteiligter, die die Praxis der Schulsozialarbeit prägen. Diese Erwartungen können im Rahmen von Evaluationen erforscht werden und die Praxis der Schulsozialarbeit kann daran gemessen werden, ob diese Erwartungen erfüllt wurden. Allerdings sollten lokal vorhandener Erwartungen zunächst reflektiert werden, damit ihr Wert und ihre Aussagekraft als Benchmark deutlich wird. Zwei Beispiele veranschaulichen, zu welchen Problemen es kommen kann, wenn lokale Erwartungshaltungen unterschiedlicher Beteiligter als Benchmarks herangezogen werden, um Schulsozialarbeit zu beurteilen: An vielen Standorten hat die Einführung von Schulsozialarbeit eine lange Vorgeschichte. Dabei wurden vielfach Bedarfsabklärungen durchgeführt, durch die erkundet werden sollte, ob an einer Schule wirklich Bedarf an Schulsozialarbeit besteht. An einigen Schulen führte dies dazu, dass die Lehrkräfte Wünsche und Erwartungen gegenüber der Schulsozialarbeit formulierten, ohne dass sie wussten, was Schulsozialarbeit genau ist und was sie unter welchen Bedingungen zu leisten vermag. Dies führte an einem der evaluierten Standorte dazu, dass die Lehrkräfte einen Bedarfskatalog formulierten, der sich eher wie eine bunte Wunschliste für jegliche ihrer Probleme las und in keinem Bezug zum Angebot und Leistungsspektrum professioneller Schulsozialarbeit stand. Dennoch war dieser Bedarf formuliert und waren entsprechende Erwartungshaltungen geweckt. Bedarfsabklärungen haben in solchen Fällen die Funktion von 'Erwartungsproduktionen'. Eine solche 'Erwartungsproduktion' hat an einigen Standorten dazu geführt, dass die Lehrkräfte sehr hohe Erwartungen an die Schulsozialarbeit formulierten und sämtliche Missstände und Belastungen an Schule durch die Schulsozialarbeit bearbeitet und gelöst haben wollten. Die Schulsozialarbeit war an diesen Standorten somit von Beginn an mit Erwartungshaltungen konfrontiert, die sie nicht erfüllen konnte. Eine zentrale Erkenntnis aus den Evaluationen ist daher auch, dass intensive 'Erwartungsproduktionen' im Rahmen von Bedarfsabklärungen die Schulsozialarbeit eher scheitern als gelingen lassen (vgl. dazu auch Kap. 2.7).

Neben Lehrkräften haben Schülerinnen und Schüler, deren Eltern sowie weitere Beteiligte (z.B. schulnahe Dienste und Verwaltungen) konkrete Erwartungen an die Schulsozialarbeit. An ihren eigenen, subjektiven Erwartungen messen sie die Schulsozialarbeit. Solche Erwartungshaltungen sind die mentalen Benchmarks der konkret Beteiligten und stellen somit relevante Maßstäbe zur Beurteilung von Praxis dar und haben reale Konsequenzen. Im Rahmen von externen Evaluationen sollten Erwartungshalten eruiert werden, um Praxisentwicklungen verstehen zu können und gegebenenfalls diese Erwartungen an die Schulsozialarbeit fachlich zu kommentieren und einzuordnen.

6.3 Professionalität und Fachlichkeit als Benchmark

Veränderungen, die sich im Laufe der Zeit ergeben, können nur dann als Wirkungen von Schulsozialarbeit bezeichnet werden, wenn sie sich auch auf das Tun der Schulsozialarbeit zurückführen lassen. Wird z.B. im Rahmen von Evaluationen einzig das Schulklima zu zwei verschiedenen Zeitpunkten gemessen, so kann keine Aussage darüber gemacht werden, ob eine gemessene Veränderung auf Aktivitäten der Schulsozialarbeit zurückzuführen ist. Veränderungen in sozialen Kontexten können stets vielfache Ursachen haben. In Evaluationen wird daher die Art und Weise untersucht, wie Schulsozialarbeitende ihre Praxis gestalten, um auf diese Weise das Verhältnis von Praxis und Veränderungen analysieren zu können. Die Professionsforschung der Sozialen Arbeit hat in den letzten Jahren aufgezeigt, dass fachlich gestaltete Praxis zu positiven Wirkungen auf unterschiedlichen Ebenen führt (vgl. zusammenfassend in Bezug auf Schulsozialarbeit Olk/Speck 2010 und Olk/Speck 2009). Das Niveau der Praxis ist somit – wie in allen anderen Berufen – entscheidend für die Erfolge, die erreicht werden können. Der Maßstab bzw. Benchmark, anhand dem erforschte Praxis beurteilt wird, ist dann der 'State of the Art' fachlicher Praxis, wie er in den Fachpublikationen vorfindbar ist. Wird durch die Professionsforschung der letzten Jahre deutlich, dass fachlich gestaltete Praxis Wirkungen hervorzubringen vermag, so kann bereits von einer als fachlich gut evaluierten schulsozialarbeiterischen Praxis angenommen werden, dass sie mit hoher Wahrscheinlichkeit zu den erwünschten Wirkungen beiträgt.

6.4 Wirkungen und Effekte als Benchmark

Das Erkenntnisinteresse der Auftraggebenden von Evaluationen kann unterschiedlich sein. Während die ersten Evaluationen von Schulsozialarbeit in der Schweiz noch vorrangig den Arbeitsaufwand in der Schulsozialarbeit darstellten, um damit die tatsächliche Notwendigkeit von Schulsozialarbeit belegen zu können, steht in den letzten Jahren immer mehr die Frage nach Wirkungen von Schulsozialarbeit im Mittelpunkt des Interesses. Mit anderen Worten: Auftraggebende von Evaluationen interessieren sich nicht mehr primär dafür, ob die Schulsozialarbeitenden fachlich fundierte Arbeit leisten. Vielmehr verschiebt sich die Interessenslage hin zur Frage, ob das Ergebnis stimmt, also ob die Schulsozialarbeit Wirkungen zeigt und somit die richtige Maßnahme für den einstmals formulierten Bedarf ist.

Wirkungen als Benchmark zur Evaluation von Schulsozialarbeit heranzuziehen ist aus verschiedenen Gründen problematisch. Grundsätzlich sind Kausalzusammenhänge im Sozialen nur schwer zu rekonstruieren. Darüber hinaus sind Wirkungen stets an Ziele gebunden sind und Zielvorgaben können unterschiedlich sein. Ein Beispiel kann dies verdeutlichen: An einigen Standorten wurde Schulsozialarbeit eingeführt, weil sich die Zahl der Gefährdungsmeldungen sowie die Fallzahlen bei der Jugendanwaltschaft erhöht haben. Das Angebot der Schulsozialarbeit sollte diese Fallzahlen reduzieren helfen. Ein solches Ziel bietet sich vordergründig als guter Benchmark an, da sich die Anzahl an

Gefährdungsmeldungen und Fallzahlen bei der Jugendanwaltschaft leicht ablesen lässt, Veränderungen werden umgehend sichtbar. An vielen Standorten, an denen Schulsozialarbeit eingeführt wurde, nahm die Anzahl an Gefährdungsmeldungen jedoch zu, und dies konnte sogar direkt auf Aktivitäten der Schulsozialarbeit zurückgeführt werden. Durch die Schulsozialarbeit wurden Gefährdungen von Kindern und Jugendlichen im Schulhaus früher und umfangreicher deutlich, was wiederum zu entsprechenden Meldungen und Hilfemaßnahmen führte. Aus fachlicher Sicht wurde gefährdeten Kindern und Jugendlichen dadurch früher Hilfe angeboten und somit gute Praxis geleistet. Wird die Schulsozialarbeit jedoch an der erhofften Wirkung „Reduktion von Gefährdungsmeldungen" gemessen, so hat die Schulsozialarbeit nicht die erwarteten Erfolge/Wirkungen gezeigt und müsste dementsprechend von einer solchen Wirkungserwartung aus negativ beurteilt werden. Wenn Schulsozialarbeit auf der Grundlage von Wirkungen als Benchmarks beurteilt wird, so ist demnach auch stets zu reflektieren, auf welche Ziele sich die erhofften Wirkungen beziehen und ob diese mit fachlichen Zielen von Schulsozialarbeit einhergehen.

Wirkungen der Schulsozialarbeit können in Evaluationen unterschiedlich untersucht werden. Entweder können die Beteiligten ergebnisoffen gefragt werden, an welchen Stellen sich für sie Wirkungen von Schulsozialarbeit zeigen. Die Sammlung an subjektiv wahrgenommenen Wirkungen kann dann fachlich reflektiert werden und so kann herausgearbeitet werden, welche erwünschten Wirkungen, aber auch welche eventuellen 'Nebenwirkungen' die Schulsozialarbeit erzeugt.

Auf der anderen Seite ist es möglich, fachliche Ziele von Schulsozialarbeit für die Evaluationsforschung zu operationalisieren und so der Frage nachzugehen, welchen Beitrag die Schulsozialarbeit leistet, um diese Ziele zu erreichen. Auf diese Weise wird die Praxis von Schulsozialarbeit an fachlichen Zielen gemessen (vgl. Albus et al. 2009a, b; Albus et al. 2009c; Bauer 2008; Otto 2007; Schrödter/Ziegler 2007; Struzyna et al. 2007). Dabei ist jedoch zu beachten, dass empirisch nachgewiesene Veränderungen nur dann als Wirkung von Schulsozialarbeit bezeichnet werden können, wenn nicht nur die Veränderung erforscht wurde, sondern gleichfalls Praxis in Bezug auf diese Veränderungen rekonstruiert wurde. Werden lediglich Veränderungen zu zwei verschiedenen Zeitpunkten gemessen, so handelt es sich dabei um Black-Box-Forschung. Der Beitrag der Schulsozialarbeit zu diesen Veränderungen kann allenfalls theoretisch, nicht jedoch empirisch nachgewiesen werden. Clear-Box-Forschung hingegen rekonstruiert darüber hinaus die Praxis der Schulsozialarbeit und setzt diese in Bezug zu empirisch erforschten Veränderungen, um Veränderungen als Wirkungen von Schulsozialarbeit empirisch fundiert kategorisieren zu können.

6.5 Richtwerte als Benchmarks: Personalschlüssel und Fallzahlen

In Evaluationen wird auch der Frage nachgegangen, ob die Rahmenbedingungen der Schulsozialarbeit angemessen sind bzw. wie sich diese auf die Praxis auswirken. Für Auftraggebende von Evaluationen ist dabei die Frage zentral, ob der Personalschlüssel richtig bemessen wurde, also ob die zur Verfügung gestellten Stellenprozente ausreichen, zu hoch oder zu gering sind.

Diesbezüglich gibt es bereits einige Empfehlungen (vgl. z.B. AvenirSocial 2006; AvenirSocial/SchulsozialarbeiterInnenverband SSAV 2010). So empfiehlt die Erziehungsdirektion des Kantons Bern, Schulsozialarbeitende mit mindestens 50 Stellenprozenten pro Schulhaus anzustellen und auf 600 bis 900 Schülerinnen und Schüler eine 100%-Stelle für die Schulsozialarbeit zur Verfügung zu stellen (vgl. Erziehungsdirektion des Kantons Bern 2008). Alle Empfehlungen werden von den Hinweisen begleitet, dass sich die genaue Bemessung der Stellenprozente am realen Bedarf vor Ort zu orientieren hat und dieser unterschiedlich sein kann. Olk betont in seinen Analysen der Organisation sozialer Dienstleistung die Notwendigkeit ausreichender Personalschlüssel: „Da Dienstleistungen in der Regel auf die Abwehr von Risiken und die Beseitigung von Störungen gerichtet sind, deren Auftreten zeitlich, räumlich, sachlich und sozial unbestimmt sind, müssen sie grundsätzlich *'überkapazitär'* vorgehalten werden" (vgl. Olk et al. 2003, vgl., S. XIV). In den hier zu Grunde liegenden Evaluationen hat sich bezüglich der Stellenbemessung und Organisation gezeigt, dass Schulsozialarbeit am ehesten dort gelingt, wo die Schulsozialarbeitenden für ein einziges Schulhaus mit mindestens 60 Stellenprozenten zuständig sind. Konzepte, bei denen die Schulsozialarbeitenden auf Abruf auch für andere Schulhäuser zur Verfügung standen (ambulante Schulsozialarbeit), haben sich an den evaluierten Standorten nicht bewährt. Häufig standen in den ambulant versorgten Schulhäusern nicht einmal angemessene Räume zur Verfügung. Auch konnte die Schulsozialarbeit durch die fehlende Präsenz kein 'relevanter Anderer' für Schülerinnen und Schüler und Lehrkräfte werden. Schulsozialarbeit auf Abruf hatte an den evaluierten Standorten stets den Charakter der etwas besseren Krisenintervention, die unter prekären Rahmenbedingungen nicht zur Zufriedenheit der Beteiligten durchgeführt werden konnte.

Zudem zeigte sich in den Evaluationen, dass die Bemessung der Stellenprozente deutlichen Einfluss auf die Praxisgestaltung in der Schulsozialarbeit hat. Je weniger Stellenprozente die Schulsozialarbeit zur Verfügung hat, desto mehr konzentriert sie sich auf Einzelfallhilfen. Diese stellen in der Regel dringlich zu bearbeitende Fälle dar, deren Bearbeitung nicht beliebig aufgeschoben werden kann. Kümmert sich Schulsozialarbeit durch gering bemessene Stellenprozente vorrangig um Einzelfallarbeit, so bleibt ihr darüber hinausgehendes Potential ungenutzt. Positive Beiträge zum Klassen- und Schulklima sowie einzelfallunabhängige

Förderung sozialer und individueller Kompetenzen von Schülerinnen und Schülern kann dann durch Zeitmangel nicht geleistet werden. Insofern dürfte die gering bemessene Schulsozialarbeit eine Reihe von sozialen und individuellen Problemlagen bearbeiten, denen durch einzelfallunabhängige Arbeit im Rahmen von umfangreicheren Stellenprozenten hätte vorgebeugt werden können.

Neben dem Personalschlüssel kommen im Rahmen von Evaluationen auch Fallzahlen besonderes Interesse zu. Insbesondere die Steuerungsebene sowie politische Gremien, die Entscheidungen in Bezug auf die Schulsozialarbeit zu fällen haben, interessieren sich für die Anzahl an Fällen, die die Schulsozialarbeit im Laufe eines Schuljahres bearbeitet. Fallzahlen werden in diesen Fällen als Benchmark für die Notwendigkeit sowie Intensität der Nutzung von Schulsozialarbeit herangezogen. Fallzahlen zur Einzelfallarbeit in der Schulsozialarbeit sind jedoch in mehrfacher Hinsicht mehrdeutig. So können seitens der Schulsozialarbeit unterschiedliche Vorkommnisse als Fall definiert und dokumentiert werden, je nach Thema ist der Arbeitsaufwand für einen Fall unterschiedlich hoch, Schülerinnen und Schüler können auch gegen ihren Willen und ohne einen eigenen Bedarf als Fall definiert werden und eine eher präventiv ausgerichtete Schulsozialarbeit erkennt ihre Erfolge gerade in sinkenden und nicht in hohen Fallzahlen. In den hier zu Grunde liegenden Evaluationen von Schulsozialarbeit waren die Fallzahlen im Vergleich der Standorte unterschiedlich (vgl. Kap.2.2.1.2). Wenn Schulsozialarbeit weiter professionalisiert werden soll, sind Fallzahlen als Benchmark somit kritisch zu sehen, da sie nichts über die Qualität von sowie den Bedarf an Schulsozialarbeit ausdrücken. Erst im Kontext weiterer Daten, z.B. zum Arbeitsaufwand pro Fall, zum Thema eines Falles, zur Art und Weise, wie ein Thema zum Fall wurde sowie zur Lösung eines Falles werden Fallzahlen als Quantifizierung von Praxis aussagekräftig.

6.6 Komparative Praxisanalyse als Benchmark

In der Bildungs- und Schulforschung mehren sich in den letzten Jahren Studien, die die Leistungsfähigkeit von Schulsystemen in internationaler sowie interkantonaler Hinsicht vergleichend darstellen (vgl. z.B. Moser et al. 2009; OECD 2004; BFS Bundesamt für Statistik 2003). Für die Schulsozialarbeit gibt es bereits einige kantonale Berichte, in denen Daten verschiedener Standorte zusammenfasst sind, allerdings sind diese Berichte eher Bestandsaufnahmen als vergleichende Forschung (vgl. z.B. Neuenschwander et al. 2007; Müller 2006; Vögeli-Mantovani 2005). Die vorliegende Befundlage ist bisher wenig systematisch und uneinheitlich. In der Praxis dienen die Erfahrungen und Praxisformen anderer Standorte dennoch als Richtwert, denn sowohl Praktiker/innen als auch

Verwaltungen und Politik tauschen sich standortübergreifend zu Erfahrungen mit der Schulsozialarbeit aus.

In einer systematisch komparativen Praxisanalyse läge über den aktuellen Status quo hinaus ein großes Potenzial für die Praxisentwicklung. Aus vergleichender Forschung an verschiedenen Standorten und darauf aufbauender systematischer Analyse von Unterschieden könnte die Schulsozialarbeit systematisch voneinander lernen. Durch komparative Forschung würde Qualitätsentwicklung auf empirischer Basis ermöglicht.

6.7 Bedarf als Benchmark

Der Einführung von Schulsozialarbeit gingen an mehreren der evaluierten Standorte umfangreiche Bedarfsanalysen voraus. Während des Evaluationszeitraums zeigte sich an mehreren Standorten, dass sich der Bedarf nach der Einführung der Schulsozialarbeit änderte und konkretisierte. Dies ist dem Umstand geschuldet, dass die Beteiligten bei einer Bedarfsanalyse *vor* der Einführung der Schulsozialarbeit ihren Bedarf an etwas formulieren sollen, das sie noch nicht kennen. Erst durch Praxiserfahrung mit der Schulsozialarbeit stellen die Beteiligten fest, welchen Bedarf an Schulsozialarbeit sie tatsächlich haben und welchen Nutzen sie von ihr erwarten können. Insofern eignen sich vor der Einführung von Schulsozialarbeit durchgeführte Bedarfsabklärungen häufig nicht als Benchmark, um den Erfolg von Schulsozialarbeit zu messen, da sie auf abstrakten Überlegungen beruhen, die in der konkreten Erfahrung relativiert und konkretisiert werden.

Soll ein vorhandener Bedarf als Benchmark zur Evaluation von Schulsozialarbeit herangezogen werden, so sollte deshalb *nach* Einführung der Schulsozialarbeit eine erneute Bedarfsanalyse durchgeführt werden, um auf der Basis von Erfahrungen konkretisierte Bedürfnisse als Maßstäbe heranziehen zu können. Neben quantitativen Dimensionen, die Auskunft über die Angemessenheit des Personalschlüssels geben, wird in einer solchen Bedarfsanalyse auch deutlich, welche Erwartungen die Beteiligten an die konkrete Praxisgestaltung der Schulsozialarbeit haben, z.B. im Hinblick auf Kommunikationsstile, Schweigepflicht und den allgemeinen Umgang mit Beteiligten und Nutzerinnen und Nutzern.

6.8 Benchmarks und Qualitätsentwicklung

Durch Benchmarks wird es möglich, Praxis begründet zu beurteilen und Qualität auf unterschiedlichen Ebenen weiterzuentwickeln. Speck hat bereits ausführlich aufgezeigt, welche Prozesse und Kontexte Qualität auf unterschiedlichen Ebenen gewährleisten bzw. bedingen (vgl. Speck 2006). Folgende Tabelle fasst verschiedene

Evaluationsfragen für unterschiedliche Ebenen von Qualität zusammen und zeigt Benchmarks auf, anhand derer die Qualität auf den verschiedenen Ebenen gemessen werden kann.

Tabelle 10: Evaluationsfragen und Benchmarks in Bezug auf Qualität

	Beispiele für relevante Evaluationsfragen	Benchmarks
Prozess-qualität	• Wie wird die Praxis gestaltet? • Wodurch wird die Praxis beeinflusst? • Wie verläuft die Zusammenarbeit mit Lehrkräften, Schulleitung und weiteren Fachstellen?	• Fachdiskurs zu methodischem Handeln in der Schulsozialarbeit • kooperatives Handeln und Vernetzung
Struktur-qualität	• Welche Rahmenbedingungen stehen zur Verfügung? • Sind die Schulsozialarbeitenden fachlich ausreichend qualifiziert? • Bewährt sich die Form der Organisation und Steuerung?	• angemessenes Büro • Personalschlüssel • Erreichbarkeit, Niederschwelligkeit • Bekanntheitsgrad von Schulsozialarbeit im Schulhaus • Fachkompetenz des Personals • Trägerkompetenz der Steuerung
Konzept-qualität	• Gibt es ein Konzept? • Was ist im Konzept auf welche Weise geregelt?	• Fachlicher Gehalt von Zielformulierungen, Zuständigkeiten, Angeboten und dargestellten Arbeitsweisen • Bekanntheitsgrad und geteilte Akzeptanz des Konzepts
Ergebnis-qualität	• Wie zufrieden sind unterschiedliche Nutzer/innen mit der Schulsozialarbeit? • Welche Wirkungen zeigen sich für wen? • Welche Veränderungen wünschen sich die Beteiligten? • Wer verbindet welche Ziele und Erwartungen mit der Schulsozialarbeit?	• Fachliche Ziele (z.B. die Förderung von Lebenskompetenz von Kindern und Jugendlichen) • lokaler Unterstützungsbedarf

7 Schlussfolgerungen und Perspektiven für Evaluationsdesigns

Im Rahmen der durchgeführten Evaluationen wurden die Designs, Konzepte und Verfahren zur Evaluation von Schulsozialarbeit laufend weiterentwickelt. Im Folgenden werden einige zentrale Erkenntnisse aus der Evaluationspraxis erläutert, anhand derer relevante Elemente qualitätsvoller Evaluationen deutlich werden (vgl. dazu auch Lüders/Haubrich 2006; Speck 2006; Widmer et al. 2000).

In Kapitel 6 wurde aufgezeigt, dass Schulsozialarbeit anhand unterschiedlicher Kriterien bewertet werden kann bzw. in der Praxis an unterschiedlichen – und durchaus auch widersprüchlichen – Erwartungen gemessen wird. Dies kann dazu führen, dass die gleiche Schulsozialarbeit von verschiedenen Personen unterschiedlich beurteilt wird.

In Evaluationen wird Schulsozialarbeit anhand fachlicher Maßstäbe bewertet. Das bedeutet, dass eine zu evaluierende Schulsozialarbeit an dem gemessen wird, was aktuell im Fachdiskurs zur Schulsozialarbeit unter guter Praxis verstanden wird. Dieser Benchmark der Fachlichkeit ist unumgänglich, da ohne ihn gar nicht deutlich werden kann, auf welche Art der Praxisgestaltung sich Urteile und Formen der Nutzung beziehen. Zudem schützt der Maßstab der Fachlichkeit die Schulsozialarbeit vor einseitig fachfremden Beurteilungen. So wird es über den Benchmark der Fachlichkeit bzw. Professionalität möglich, Spannungsfelder zwischen der Art und Weise der Praxisgestaltung und ihrer Beurteilung durch Beteiligte aufzuzeigen. Es kann beispielsweise durchaus der Fall eintreten, dass Schulsozialarbeitende aus fachlicher Sicht professionell arbeiten, von den Beteiligten in der Praxis dennoch nicht positiv beurteilt werden. Würden die Urteile der Beteiligten in diesen Fällen als alleiniger Benchmark herangezogen, so würde sich das Bild einer mangelhaften Schulsozialarbeit ergeben. Über den Benchmark der Fachlichkeit bzw. Professionalität werden demgegenüber die Urteile der Beteiligten reflektierbar und es kann beispielsweise deutlich werden, dass die Professionellen zwar gute Schulsozialarbeit machen, die Beteiligten sich jedoch etwas anderes wünschen bzw. einen Bedarf haben, der durch Schulsozialarbeit gar nicht gedeckt werden kann.

Die Beurteilung von Schulsozialarbeit entlang fachlicher Kriterien stellt an die Evaluierenden die Anforderung, rekonstruierte Praxis entsprechend zu verstehen und zu reflektieren. Deswegen ist es auch problematisch, wenn Schulsozialarbeit von fachfremden Institutionen evaluiert wird, die eigene Maßstäbe anlegen. Genauso wenig, wie wissenschaftliche Einrichtungen Sozialer Arbeit z.B. schulischen Unterricht evaluieren können, ist die Schulpädagogik dafür ausgelegt, Schulsozialarbeit fachlich zu beurteilen und fachliche Empfehlungen abzugeben. Ein typisches Beispiel sind auch Evaluationen durch Institutionen der Psychologie, die aufgrund ihrer fachlichen Hintergründe zur Empfehlung kommen, dass es in der Praxis mehr psychologischer Methoden bedarf und Probleme im Schulhaus ohnehin am besten durch die Schulpsychologie bearbeitet werden (vgl. Schmidt et al. 2002; Scharf/Rupprecht 2010).

Wird die Relevanz einer Beurteilung von Schulsozialarbeit entlang fachlicher Kriterien hervorgehoben, so bedeutet dies jedoch nicht, dass sich Evaluationen einzig auf den Benchmark der Fachlichkeit beschränken sollten. Vielmehr bildet die fachliche Reflexion der Praxis die Grundlage, auf welcher Ergebnisse zu weiteren Benchmarks wie z.B. den vorhanden Erwartungen, Bedürfnissen, Wirkungen und Fallzahlen erst nachvollziehbar und verstehbar werden. Ein gutes Evaluationskonzept kennzeichnet sich entsprechend dadurch aus, dass die Praxis der Schulsozialarbeit fachlich reflektiert wird und darauf aufbauend mit den Auftraggebern der Evaluation konkretisiert wird, welche weiteren Benchmarks auf welche Weise in die Evaluation aufgenommen werden. Dies verdeutlicht auch die Notwendigkeit, im Rahmen von Auftragsklärungen den Auftraggebern zu erläutern, welche Ergebnisse auf welche Weise erarbeitet werden können.

Zudem sollten in Evaluationen auch die schulischen Voraussetzungen für gelingende Schulsozialarbeit betrachtet werden. Es hat sich in der Evaluationspraxis immer wieder gezeigt, dass Schulsozialarbeit von schulischen Voraussetzungen abhängig ist, diese jedoch nicht immer vollumfänglich vorhanden sind. Insofern gibt es durchaus Schulen, die für die Einführung von Schulsozialarbeit nicht geeignet sind. Grundvoraussetzungen auf schulischer Seite sind kooperationsbereite Lehrkräfte und Schulleitungen sowie normative Orientierungen der Lehrkräfte und Schulleitungen, die anschlussfähig an die Ziele der Schulsozialarbeit sind. Auch die Steuerungsstrukturen haben einen deutlichen Einfluss auf die Schulsozialarbeit. Wie in Kapitel 2.5 aufgezeigt wurde, sollten insbesondere die Kompetenzen der jeweiligen Träger zum Gegenstand der Evaluation gemacht werden.

Eine weitere Herausforderung für Evaluierende ist die Darstellung der Evaluationsergebnisse. Häufig werden Evaluationen zur Unterstützung politischer Entscheidungsfindung genutzt. In Evaluationsberichten aufbereitete Ergebnisse sind insbesondere dann leicht les- und kommunizierbar, wenn sie sich in Zahlen, Tabellen oder Diagrammen ausdrücken. Reflexionen, die sich über mehrere Seiten Fließtext erstrecken, werden von politisch Verantwortlichen hingegen weniger zur Kenntnis genommen. Zahlen und Tabellen werden jedoch in der Regel erst durch die entsprechenden Ausführungen umfassend verstehbar. Auch stammen zentrale Befunde in Evaluationen häufig nicht aus quantitativen

Befragungen, sondern aus Interviews mit Beteiligten. Diese Ergebnisse lassen sich jedoch nicht so prägnant darstellen wie z.b. Tabellen zu Beratungsanlässen oder Fallzahlen. Evaluierende sind entsprechend dazu herausgefordert, sowohl dem 'Lese-Habitus' in politischen Gremien gerecht zu werden als auch relevante Ergebnisse entsprechend hervorgehoben darzustellen, um verkürzten Lesarten von und Schlussfolgerungen aus Evaluationsberichten vorzubeugen.

Abbildungsverzeichnis

Tabellenverzeichnis

Literatur

Abbott, A. (1988): The system of professions. An essay on the division of expert labor. Chicago, London

Albus, S.; H. Greschke; B. Klingler; H. Messmer; H.-G. Micheel; H.-U. Otto; A. Polutta (2009a): Fazit der Evaluation zum Bundesmodellprogramm 'Wirkungsorientierte Jugendhilfe'. In: ISA Planung und Entwicklung GmbH; Universität Bielefeld / Fakultät für Erziehungswissenschaft (Hrsg.): Wirkungsorientierte Jugendhilfe Band 09. Praxishilfe zur wirkungsorientierten Qualifizierung der Hilfen zur Erziehung. Münster, S. 6-7.

Albus, S.; H. Greschke; B. Klingler; H. Messmer; H.-G. Micheel; H.-U. Otto; A. Polutta (2009b): Wirkungsbegriffe und Wirkungsverständnisse. In: ISA Planung und Entwicklung GmbH; Universität Bielefeld / Fakultät für Erziehungswissenschaft (Hrsg.): Wirkungsorientierte Jugendhilfe Band 09. Praxishilfe zur wirkungsorientierten Qualifizierung der Hilfen zur Erziehung. Münster, S. 20-21.

Albus, S.; H.-G. Micheel; A. Polutta (2009c): Wirkungsorientierte Jugendhilfe unter der empirischen Lupe. Welche Wirkungen sind von sozialpädagogischem Interesse und wie kann man sie erkennen? In: Soziale Passagen 01 (01), S. 102-112.

Andresen, S.; F. Baier (2005): Aktuelle Entwicklungen und professionelle Perspektiven der Kooperation von Schule und Sozialer Arbeit. In: SozialAktuell 6/2005, S. 10-13.

AvenirSocial (2006): Rahmenempfehlungen Schulsozialarbeit. Bern

AvenirSocial; SchulsozialarbeiterInnenverband SSAV (2010): Qualitätsrichtlinien für die Schulsozialarbeit. Bern

Bachmann-Medick, D. (2006): Cultural Turns. Neuorientierungen in den Kulturwissenschaften. Reinbek

Baier, F. (2007): Zu Gast in einem fremden Haus. Theorie und Empirie zur Sozialen Arbeit in Schulen. Bern u.a.

Baier, F. (2008): Schulsozialarbeit. In: Baier, F.; S. Schnurr (Hrsg.): Schulische und schulnahe Dienste. Angebote, Praxis und fachliche Perspektiven. Bern, S. 87-120.

Baier, F. (2009): Surviving Culture. Kulturphänomenologie am Beispiel Sozialer Arbeit in Schulen. In: Neumann, S.; P. Sandermann (Hrsg.): Kultur und Bildung. Neue Fluchtpunkte für die sozialpädagogische Forschung? Wiesbaden, S. 191-214.

Baier, F. (2010): Zusammenhänge zwischen Berufspraxis und Wirkungen von Schulsozialarbeit: Elemente einer wirkungsvollen Praxis. In: Olk, T.; K.

Speck (Hrsg.): Forschung zur Schulsozialarbeit: Stand und Perspektiven. Weinheim

Baier, F. (2011): Die Ethik in den Strukturmaximen und Handlungsprinzipien. In: Baier, F.; U. Deinet (Hrsg.): Praxisbuch Schulsozialarbeit. Methoden, Prinzipien und Haltungen. Leverkusen, Opladen

Baier, F.; U. Deinet (Hrsg.) (2011): Praxisbuch Schulsozialarbeit. Methoden, Haltungen und Handlungsorientierungen für eine professionelle Praxis. Leverkusen, Opladen

Barlösius, E. (2004): Kämpfe um soziale Ungleichheit. Machttheoretische Perspektiven. Wiesbaden

Bauer, P. (2008): Die Aneignungsperspektive in der Wirkungsforschung zur Schulsozialarbeit In: Zeitschrift für Sozialpädagogik 6. Jg. (H. 4), S. 419-441.

BFS Bundesamt für Statistik (Hrsg.) (2003): PISA 2003: Kompetenzen für die Zukunft. Zweiter nationaler Bericht. Bundesamt für Statistik (BFS) und Schweizerische Konferenz der kantonalen Erziehungsdirektoren (EDK). Bildungsmonitoring Schweiz. Neuenburg, Bern

Bhabha, H. K. (2000): Die Verortung der Kultur. Tübingen

Blumer, H. (1973): Der methodologische Standort des symbolischen Interaktionismus. In: Arbeitsgruppe Bielefelder Soziologen (Hrsg.): Alltagswissen, Interaktion und gesellschaftliche Wirklichkeit. Reinbek, S. 80-101.

Bolay, E. (1999): Unterstützen, vernetzen, gestalten. Eine Fallstudie zur Schulsozialarbeit; herausgegeben vom Landeswohlfahrtsverband Württemberg-Hohenzollern. Stuttgart

Bolay, E. (2010): Anerkennungstheoretische Überlegungen zum Kontext Schule und Jugendhilfe. In: Ahmed, S.; D. Höblich (Hrsg.): Theoriereflexionen zur Kooperation von Jugendhilfe und Schule. Brücken und Grenzgänge. Baltmannsweiler, S. 30-48.

Bolay, E.; C. Flad; H. Gutbrod (2004): Jugendsozialarbeit an Hauptschulen und im BVJ. Tübingen

Bollenbeck, G. (1996): Bildung und Kultur. Glanz und Elend eines deutschen Deutungsmusters. Frankfurt am Main, Leipzig

Bommes, M.; A. Scherr (2000): Soziologie der Sozialen Arbeit. Eine Einführung in Formen und Funktionen organisierter Hilfe. Weinheim, München

Bortz, J.; N. Döring (2006): Forschungsmethoden und Evaluation für Human- und Sozialwissenschaftler. Heidelberg

Bourdieu, P.; L. Wacquant (1996): Reflexive Anthropologie. Frankfurt am Main

Breidenstein, G. (2006): Teilnahme am Unterricht: Ethnographische Studien zum Schülerjob. Wiesbaden

146

Brumlik, M. (1992): Advokatorische Ethik. Zur Legitimation pädagogischer Eingriffe. Bielefeld

Bühl, W. L. (2007): Phänomenologische Soziologie: Ein kritischer Überblick. Konstanz

Coradi Vellacott, M. (2007): Bildungschancen Jugendlicher in der Schweiz. Eine Untersuchung familiärer, schulischer und sozial-räumlicher Einflüsse auf Leistungsunterschiede am Ende der obligatorischen Schulzeit. Zürich

Coradi Vellacott, M.; J. Hollenweger; M. Nicolet; S. C. Wolter (2003): Soziale Integration und Leistungsförderung. Thematischer Bericht der Erhebung PISA 2000. Bundesamt für Statistik (BFS); Schweizerische Konferenz der kantonalen Erziehungsdirektoren (EDK). Bildungsmonitoring Schweiz. Neuchatel

Coradi Vellacott, M.; S. C. Wolter (2005): Chancengerechtigkeit im schweizerischen Bildungswesen. Herausgegeben von der Schweizerische Koordinationsstelle für Bildungsforschung (SKBF).Trendbericht Nr. 9. Aarau

Dewe, B.; A. Scherr (1990): Gesellschafts- und kulturtheoretische Bezugspunkte einer Theorie sozialer Arbeit. In: neue praxis 2/1990, S. 124-143.

Diekmann, A. (1995): Empirische Sozialforschung. Reinbek

Erziehungsdirektion des Kantons Bern (Hrsg.) (2008): Schulsozialarbeit. Leitfaden zur Einführung und Umsetzung. Bern

Fuchs, M.; S. Lamnek; N. Baur (2005): Gewalt an Schulen. 1994-1999-2004. Wiesbaden

Gillwald, K. (2000): Konzepte sozialer Innovation. Wissenschaftszentrum Berlin für Sozialforschung. Berlin

Heil, K.; M. Heiner; U. Feldmann (2001): Evaluation sozialer Arbeit. Freiburg i. Brsg.

Held, K. (2002): Einleitung. In: Husserl, E. (Hrsg.): Die phänomenologische Methode. Ausgewählte Texte I. Stuttgart, S. 5-52.

Helsper, W.; R.-T. Kramer; M. Hummrich; S. Busse (2009): Jugend zwischen Familie und Schule. Eine Studie zu pädagogischen Generationsbeziehungen. Wiesbaden

Hering, S.; R. Münchmeier (2000): Geschichte der Sozialen Arbeit. Weinheim, München

Howaldt, J.; H. Jacobsen (Hrsg.) (2010): Soziale Innovation. Auf dem Weg zu einem postindustriellen Innovationsparadigma. Wiesbaden

Hügli, A.; P. Lübke (Hrsg.) (1991): Philosophielexikon. Personen und Begriffe der abendländischen Philosophie von der Antike bis zur Gegenwart. Reinbek

Humboldt, W. v. (1903): Die Bildung des Menschen. In: Leitzmann, A. (Hrsg.): Werke I, 1785-1795. Berlin, S. 282-285.

Husserl, E. (1998): Die phänomenologische Methode. Ausgewählte Texte I. Stuttgart

Inglehart, R. (1998): Modernisierung und Postmodernisierung. Kultureller, wirtschaftlicher und politischer Wandel in 43 Gesellschaften. Frankfurt am Main, New York

Joint Committee on Standards for Educational Evaluation; J. R. Sanders (Hrsg.) (2006): Handbuch der Evaluationsstandards. Wiesbaden

Kant, I. (1989): Prolegomena zu einer jeden zukünftigen Metaphysik, die als Wissenschaft wird auftreten können. Stuttgart

Keller, G. (2010): Disziplinmanagement in der Schulklasse. Unterrichtsstörungen vorbeugen - Unterrichtsstörungen bewältigen. Bern

Knoblauch, H. (2005): Wissenssoziologie. Konstanz

Kramer, R.-T.; W. Helsper; S. Thiersch; C. Ziems (2009): Selektion und Schulkarriere. Kindliche Orientierungsrahmen beim Übergang in die Sekundarstufe I. Wiesbaden

Kroeber, A. L.; C. Kluckhohn (1952): Culture. A Critical Review of Concepts and Definitions. Cambridge

Küster, E.-U. (2003): Fremdheit und Anerkennung. Ethnografie eines Jugendhauses. Weinheim u.a.

Küster, E.-U.; W. Thole (2004): Kinder- und Jugendarbeit im 'Dickicht der Lebenswelt'. Karriere, Missverständnisse und Chancen einer Metapher. In: Grunwald, K.; H. Thiersch (Hrsg.): Praxis Lebensweltorientierter Sozialer Arbeit. Handlungszugänge und Methoden in unterschiedlichen Arbeitsfeldern. Weinheim, München

Landert, C. (2002): Schulsozialarbeit in der Stadt Zürich. Bericht über die Evaluation 1996-2002. Zürich

Laucken, U. (2004): Gibt es Willensfreiheit? Möglichkeiten der psychologischen Vergegenständlichung von Willens-, Entscheidungs- und Handlungsfreiheit. Forum Qualitative Sozialforschung / Forum: Qualitative Social Research. http://nbnresolving.de/urn:nbn:de:0114-fqs050185. 6 (1), Art. 8 S. 214 Absätze.

Liebau, E. (1992): Die Kultivierung des Alltags. Das pädagogische Interesse an Bildung, Kunst und Kultur. Weinheim, München

Lübcke, P. (1994): Edmund Husserl: Die Philosophie als strenge Wissenschaft. In: Hügli, A.; P. Lübcke (Hrsg.): Philosophie im 20. Jahrhundert. Band 1. Phänomenologie, Hermeneutik, Existenzphilosophie und Kritische Theorie. Reinbek bei Hamburg, S. 68-100.

Lüders, C.; K. Haubrich (2006): Wirkungsevaluation in der Kinder- und Jugendhilfe: Über hohe Erwartungen, fachliche Erfordernisse und konzeptionelle

Antworten. In: Projekt eXe (Hrsg.): Wirkungsevaluation in der Kinder- und Jugendhilfe. Einblicke in die Evaluationspraxis. München, S. 5-24.

Maschke, S.; L. Stecher (2010): In der Schule. Vom Leben, Leiden und Lernen in der Schule. Wiesbaden

Matthias, A. (1977): Techniken des Strafens (orig. 1902). In: Rutschky, K. (Hrsg.): Schwarze Pädagogik. Frankfurt am Main u.a., S. 426-430.

Mead, G. H. (1973): Geist, Identität und Gesellschaft. Frankfurt am Main

Mead, G. H. (1987): Gesammelte Aufsätze. Frankfurt am Main

Merchel, J. (2010): Evaluation in der Sozialen Arbeit. München

Merleau-Ponty, M. (1976): Phänomenologie der Wahrnehmung. Berlin

Meyer, W. (2007): Datenerhebungen: Befragungen - Beobachtungen - Nicht-Reaktive Verfahren. In: Stockmann, R. (Hrsg.): Handbuch zur Evaluation. Eine praktische Handlungsanleitung. Münster, S. 223-277.

Moser, U.; D. Angelone; C. Brühwiler; P. Kis-Fedi; G. Buccheri; M. Mariotta; C. Nidegger; J. Moreau; F. Gingins (2009): PISA 2006: Analysen zum Kompetenzbereich Naturwissenschaften. Rolle des Unterrichts, Determinanten der Berufswahl, Vergleich von Kompetenzmodellen. Bundesamt für Statistik (BFS). Statistik der Schweiz. Neuchatel

Müller, S. (2006): Schulsozialarbeit im Kanton Zürich. Kantonale Steuerungs- und Planungsgrundlagen. Befragung der Schulpflegen und Jugendsekretariate. Teil A: Schlussfolgerungen und Empfehlungen. ZHAW. Zürich

Neuenschwander, P.; D. Iseli; C. Fuchs (2007): Bestandesaufnahme der Schulsozialarbeit im Kanton Bern. Bern

Niemeyer, C. (2004): Kulturkritik, Kulturpädagogik, Sozialpädagogik. Traditionslinien eines Gegenwartsdiskurses. In: Hörster, R.; E.-U. Küster; S. Wolff (Hrsg.): Orte der Verständigung. Beiträge zum sozialpädagogischen Argumentieren. Freiburg i. Brsg., S. 35-55.

Nohl, H. (1927): Jugendwohlfahrt. Sozialpädagogische Vorträge. Leipzig

Nohl, H. (1961): Die pädagogische Bewegung in Deutschland und ihre Theorie. 5. Aufl. Frankfurt am Main

OECD (2004): Problem Solving for Tomorrow's World. First Measures of Cross-Curricular Competencies from PISA 2003. Paris

Olk, T.; H.-U. Otto; H. Backhaus-Maul (2003): Soziale Arbeit als Dienstleistung. Zur analytischen und empirischen Leistungsfähigkeit eines theoretischen Konzepts. In: Olk, T.; H.-U. Otto (Hrsg.): Soziale Arbeit als Dienstleistung. Grundlegungen, Entwürfe und Modelle. München, Unterschleißheim, S. IX-LXXII.

Olk, T.; K. Speck (2009): Was bewirkt Schulsozialarbeit? Theoretische Konzepte und empirische Befunde an der Schnittfläche zwischen formaler und nonformaler Bildung. In: Zeitschrift für Pädagogik 55. Jg. (Heft 6), S. 910-927.

Olk, T.; K. Speck (Hrsg.) (2010): Forschung zur Schulsozialarbeit: Stand und Perspektiven. Weinheim, Basel

Opielka, M. (2006): Culture matters - aber wie? Zur Kritik von Kulturkonzepten. In: neue praxis Sonderheft 8 "Soziale Arbeit in der Migrationsgesellschaft", S. 28-40.

Otto, H.-U. (2007): What Works? Expertise zum aktuellen Diskurs um Ergebnisse und Wirkungen im Feld der Sozialpädagogik und Sozialarbeit - Literaturvergleich nationaler und internationaler Diskussion. Expertise im Auftrag der Arbeitsgemeinschaft für Kinder- und Jugendhilfe AGJ. Arbeitsgemeinschaft für Kinder- und Jugendhilfe (AGJ). Berlin

Raab, J.; M. Pfadenhauer; P. Stegmaier; J. Dreher; B. Schnettler (Hrsg.) (2007): Phänomenologie und Soziologie: Theoretische Positionen, aktuelle Problemfelder und empirische Umsetzungen. Wiesbaden

Reckwitz, A. (1999): Praxis, Autopoisis, Text: Drei Versionen des Cultural Turn in der Sozialtheorie. In: Reckewitz, A.; H. Sievert (Hrsg.): Interpretation, Konstruktion, Kultur: Ein Paradigmenwechsel in den Sozialwissenschaften. Opladen, S. 19-49.

Reckwitz, A. (2000): Die Transformation der Kulturtheorien. Zur Entwicklung eines Theorieprogramms. Weilerswist

Rutschky, K. (1977): Schwarze Pädagogik. Quellen zur Naturgeschichte der bürgerlichen Erziehung. Frankfurt am Main u.a.

Schaarschuch, A. (2003): Die Privilegierung des Nutzers. Zur theoretischen Begründung sozialer Dienstleistung. In: Olk, T.; H.-U. Otto (Hrsg.): Soziale Arbeit als Dienstleistung. München, Unterschleißheim, S. 150-169.

Schaarschuch, A. (2008): Vom Adressaten zum 'Nutzer' von Dienstleistungen. In: Bielefelder Arbeitsgruppe 8 (Hrsg.): Soziale Arbeit in Gesellschaft. Wiesbaden, S. 197-204.

Scharf, R.; S. Rupprecht (2010): Hintergrundinformationen zur Studie 'Subjektive Gesundheitsbeschwerden von Schülern' der DAK und der Leuphana Universität Lüneburg. Download unter: http://www.leuphana.de/ fileadmin/user_upload/newspool/meldungen/files/100114_Hintergrundinformatio nen_DAK-Studie_Schueler_Gesundheit.pdf.

Schmidt, M.; K. Schneider; E. Hohm; A. Pickartz; M. Macsenaere; F. Petermann; P. Flosdorf; H. Hölzl; E. Knab (Hrsg.) (2002): Effekte erzieherischer Hilfen und ihre Hintergründe. Herausgegeben vom Bundesministerium für Familie, Senioren, Frauen und Jugend. Stuttgart

Schrödter, M.; H. Ziegler (Hrsg.) (2007): Was wirkt in der Kinder- und Jugendhilfe? Internationaler Überblick und Entwurf eines Indikatorensystems von Verwirklichungschancen. Münster, I. Wirkungsorientierte Jugendhilfe. Münster

Schumann, M.; A. Sack; T. Schumann (2006): Schulsozialarbeit im Urteil der Nutzer. Evaluation der Ziele, Leistungen und Wirkungen am Beispiel der Ernst-Reuter-Schule II. Weinheim, München

Seiffge-Krenke, I. (2006): Nach PISA. Stress in der Schule und mit den Eltern. Bewältigungskompetenz deutscher Jugendlicher im internationalen Vergleich. Göttingen

Seithe, M. (1998): Abschlussbericht der wissenschaftlichen Begleitung des Landesprogrammes 'Jugendarbeit an Thüringer Schulen'. Erfurt

Speck, K. (2006): Qualität und Evaluation in der Schulsozialarbeit. Konzepte, Rahmenbedingungen und Wirkungen. Wiesbaden

Srubar, I. (2007): Phänomenologie und soziologische Theorie: Aufsätze zur pragmatischen Lebenswelttheorie. Wiesbaden

Stadt Luzern (2007): Schulsozialarbeit. Bericht und Antrag an den Grossen Stadtrat von Luzern vom 13. Dezember 2006 (StB 1256) Stadtrat. Luzern.

Stamm, M. (2005): Hochbegabung und Schulabsentismus. Theoretische Überlegungen und empirische Befunde zu einer ungewöhnlichen Liaison. In: Psychologie in Erziehung und Unterricht 52, S. 20-32.

Staub-Bernasconi, S. (2007): Soziale Arbeit als Handlungswissenschaft. Bern, Stuttgart, Wien

Stehr, N. (2003): Wissenspolitik. Die Überwachung des Wissens. Frankfurt am Main

Stiehler, H.-J. (2001): Leben ohne Westfernsehen. Leipzig

Streblow, C. (2005): Schulsozialarbeit und Lebenswelten Jugendlicher. Ein Beitrag zur dokumentarischen Evaluationsforschung. Weinheim

Struzyna, K.-H.; T. Gabriel; K. Wolf; M. Macsenaere; M. Finkel; C. Munsch (Hrsg.) (2007): Wirkungsorientierte Jugendhilfe. Band 01. Beiträge zur Wirkungsorientierung von erzieherischen Hilfen. Herausgegeben vom ISA Münster. Münster

Treptow, R. (2001): Kultur und Soziale Arbeit. Gesammelte Beiträge. Münster

Vögeli-Mantovani, U. (2005): Die Schulsozialarbeit kommt an! Trendbericht SKBF Nr. 8. Aarau

Waldenfels, B. (1992): Einführung in die Phänomenologie. München

Widmer, T.; W. Beywl; C. Fabian (Hrsg.) (2009): Evaluation: Ein systematisches Handbuch. Wiesbaden

Widmer, T.; C. Landert; N. Bachmann (2000): Evaluations-Standards der Schweizerischen Evaluationsgesellschaft (SEVAL-STANDARDS). ohne Ortsangabe. Download unter: http://www.seval.ch/de/standards/index.cfm

Zahavi, D. (2007): Phänomenologie für Einsteiger. Paderborn

151

MIX
Papier aus verantwortungsvollen Quellen
Paper from responsible sources
FSC® C105338

If you have any concerns about our products,
you can contact us on
ProductSafety@springernature.com

In case Publisher is established outside the EU,
the EU authorized representative is:
**Springer Nature Customer Service Center GmbH
Europaplatz 3, 69115 Heidelberg, Germany**

Printed by Libri Plureos GmbH
in Hamburg, Germany